这是一本
可以互动的家庭教育图书

使用说明

本书配有读者交流群，您可以和本书作者及其他读者分享观点、交流心得，还能获得科学教育理念、儿童心理学知识、亲子旅行实用攻略，更有机会带上孩子和我们一起去旅行。

入群步骤

01 ▶ 用微信扫描本页二维码。

02 ▶ 根据提示加入读者交流群。

03 ▶ 群内回复关键词，领取相关资源。

微信扫描二维码
加入本书读者交流群

亲子旅行
让孩子更独立

◂旅途中的育儿心理学▸

青春河边巢 周歆媛 ◎ 著

青岛出版社
QINGDAO PUBLISHING HOUSE

图书在版编目（CIP）数据

亲子旅行：让孩子更独立——旅途中的育儿心理学 / 青春河边巢著；周歆媛著. -- 青岛：青岛出版社，2019.6

ISBN 978-7-5552-8167-2

Ⅰ.①亲… Ⅱ.①青… ②周… Ⅲ.①家庭教育 Ⅳ.①G78

中国版本图书馆CIP数据核字(2019)第073433号

亲子旅行：让孩子更独立

书　　名	亲子旅行：让孩子更独立——旅途中的育儿心理学
著　　者	青春河边巢　周歆媛
出版发行	青岛出版社
社　　址	青岛市海尔路182号（266061）
本社网址	http://www.qdpub.com
责任编辑	袁　贞
制　　版	青岛乐喜力科技发展有限公司
印　　刷	青岛北琪精密制造有限公司
出版日期	2019年6月第1版　2019年6月第1次印刷
开　　本	16开（710mm×1000mm）
印　　张	10
字　　数	130千
图　　数	60幅
书　　号	ISBN 978-7-5552-8167-2
定　　价	49.00元

编校印装质量、盗版监督服务电话：4006532017　0532-68068638
建议陈列类别：亲子家教类

序

跟很多家庭一样，锟爸也有诸多的工作压力，陪我们旅行的机会总是很少，但一年中总有几次重要的旅行，他不会缺席，这是我们的家庭时间，任何事情都要让步。就像鲁迅先生所说的，"时间就像海绵里的水，只要愿挤，总还是有的"。锟爸时间排不开的时候，我和小锟也会相伴去旅行，这一路走来，我们彼此陪伴，一起成长，留下了很多美好的回忆。

旅途中，很多人看到我们这一大一小的组合会感慨，觉得妈妈一个人带着孩子去旅行，似乎是不可能完成的任务。但一次次的旅行证明，孩子是打破人与人之间陌生感的"神器"，因为小锟的存在，我们在旅途中收获了更多的友好和信任。也是因为旅行，小锟很喜欢和人交流，他会主动微笑、主动聊天，向周围的人传递爱和温暖。

很多家长认为带孩子旅行很麻烦，但我从来没有将小锟看作旅途中的"麻烦"，旅途中我们总是有说有笑，像朋友一样聊天，彼此陪伴。因为这份全心全意的陪伴，小锟获得了十足的安全感，因为有这份安全感，他越来越自信、越来越独立。从小锟4个月大到现在7岁，我们一起走过了50多个国家。这期间，小锟从一个好奇的小婴儿长成了能够在旅途中完成作业的小学生，他善良、自信，懂得尊重，有很强的自我管理能力，我感谢自己当年做出的开始亲子旅行的决定，也更加坚定了继续亲子旅行之路的信心。

当然，小锟在旅行中有过生病，有过不开心，也经历了很多磕磕碰碰，在很多人看来，这些都是我们带着他去旅行的后果。但是，我想应该也没有家长愿意为了孩子的安全就把他关在笼子里。我们的生活经历和生活环境使得我们每个人的主观意识具有局限性，很多事情都是我们想当然地以为。如果你不把他当作孩子，而是当作一个跟你对等的个体，你会发现孩子远比你想象的强大。作为父母，我们首先是保证孩子健康快乐地长大，如果还有余力，我建议多带孩子出去走一走、看一看。每一个人都需要在"读万卷书、行万里路"之后找到自己的存在感，我们的孩子也不例外，他有自己的人生路，不要让他只是在我们的羽翼下做一个旁观者。

这一路走来，我们看过大海也爬过高山，去过大都市也到过原始部落，不管是大自然的鬼斧神工，还是绚丽多彩的人文风情，都深深吸引着我和小锟。孩子对待这个世界的好奇和热情也感染了我，促使我不断地学习、探索。我深信，如果不是带着小锟，我一定不会在旅行中收获这么多。我不知道将来小锟能够记得多少我们走过的地方，但我相信那些在旅途中内化而成的品质足以撑起他未来的人生。

目录

第1章 为什么要带孩子去旅行?

亲子旅行"有用"吗?／002
孩子不是旅途中的"麻烦"／012
孩子,我为你骄傲／017

第2章 在旅途中不断成长

我们学会放手,孩子才能学会独立／026
你好,朋友!／039
商量一下,或许可以呢?／045
有些规矩一定要守／050
不断增长的自我管理能力／056
看得越多,越懂得尊重／061
你的善良让我骄傲／067
你认真的时候最可爱／071
旅途中的"小管家"／077
许你一个七彩童年／083

第3章 旅行让我们更亲密

妈妈也在不断摸索 / 094

我们一起寻找答案 / 099

妈妈，请相信我 / 104

不要替孩子表达意愿 / 108

孩子，我需要你的配合 / 114

旅行改变了我们的生活 / 118

第4章 亲子旅行实用攻略

旅行方式的选择 / 126

旅行前的准备 / 131

亲子游的行程设计 / 135

如何购买旅行保险？ / 141

如何预订婴幼儿机票？ / 147

参观博物馆的注意事项 / 150

第1章 为什么要带孩子去旅行？

这些年，我们一直在亲子旅行的路上，无论是小锟还是我和锟爸，都受益良多，这也是我愿意跟朋友们分享这些经历的原因。这条路我会一直走下去，你准备好开始了吗？

01 亲子旅行"有用"吗?

很多时候我也在问自己,孩子年纪这么小,为什么一定要去旅行,等到大一点的时候,等他大到可以记住那些风景的时候不是更好吗?但是,旅行的真正意义是否在于此呢,难道只是为了让孩子记得那些美丽的风景吗?那些关于景色的记忆会随着年龄的增长逐渐被新的记忆所代替,如果只是简单地希望孩子可以记住那些去过的地方、看过的风景,恐怕就是大人也不能完全做到。

中国有句老话"三岁看大,七岁看老",这是有科学根据的,研究表明新生儿的脑重约390克,9个月时脑重660克,两岁时的

脑重约为出生时的3倍,至7岁脑重已接近成人。而且在最初的两年,脑发育是最快的,在这一时期良好的外界刺激对孩子大脑的发育是非常有帮助的。

英国的卡斯比教授曾经进行过一项研究,以当地1000名3岁幼儿为研究对象,经过一番调查分析后将他们分为5种类型:充满自信型、良好适应型、沉默寡言型、自我约束型和坐立不安型。等到

这些孩子都长成了26岁的成人时，卡斯比教授再次对他们进行了调查分析，结果显示，他们的气质类型几乎没有发生变化。

卡斯比教授认为，一个人对3岁之前所经历的事情会像海绵一样吸收，3岁前的经历对于个人的性格形成有着非常重要的作用。我曾经参加过一期相关卫视节目的录制，当时一起参加节目录制的育儿专家对亲子旅行给予了肯定和支持。专家表示，3岁之前孩子的大脑非常活跃，是神经系统快速发展的时期。他举了一个很生动的例子，比如孩子在中国看到的建筑都是四四方方的，当你把他带到意大利比萨斜塔，他看到不一样的线条，这个时候孩子的大脑就会有新的认识和变化。

这些都足以说明，带孩子去旅行真的不能用简单的"记住"或"记不住"，"有用"和"没用"去评判和衡量。带孩子去旅行显然不能短时间内提高学习成绩，也不见得能改善体质。但那些我们看不见的由眼及心的小小变化，也许会在孩子未来的人生路上发挥作用；平时没时间陪伴孩子的父母，能有一次全身心陪伴孩子的机会，我觉得这些就足够了。

在我看来，带孩子去旅行不是让孩子去刻意记住什么，而是让孩子体会世界的多元化、知道人生的无限可能性，从而找到一条属于自己的人生路。

当然，带小孩子出行会遇到很多困难，但是只要根据孩子的年龄合理安排行程，还是容易实现的。作为妈妈，难免会对孩子有这样那样的担心，但是，这些担心即使是在日常生活中又何尝停止过呢？我们的小宝贝总是要长大，总是要自己去独自面对人生中的风雨，总是要走出家门的，不是吗？

小锟两岁多的时候,正好赶上春节,我们就计划着全家一起去旅行。而那一次旅行的成员除了我们一家人,还有表弟一家。旅行的目的地就选在了苏州和上海。表弟家的女儿涵涵跟小锟差不多大,是第一次跟着爸爸妈妈出去旅行,出发之前,表弟和弟媳一直担心孩子会不适应,怕出现这样那样的问题。我很理解他们的心情,孩子还小,又是第一次带出去,担心是不可避免的。一方面我嘱咐他们做好旅行前的准备工作,带好必备的生活用品;另一方面也劝慰他们,苏州、上海都是基础设施完备、各方面条件成熟的旅游城市,即使遇到一些问题也能得到妥善的处理。

我们到达苏州的时候，涵涵非常兴奋，刚刚入住古镇就迫不及待地想要出去玩。放下行李后，我们就带着孩子出去了，古镇的风光跟我们的日常生活环境有很大的差异，两个孩子都觉得很新奇，一路上蹦蹦跳跳、兴高采烈。古镇里的小吃很多，一路上涵涵和小锟两个人边吃边玩、特别开心。表弟说，来之前最担心的就是吃饭问题，平时涵涵在家吃饭比较挑剔，饭量也小，怕出来后没有适合她的饭菜，现在看到她吃得这么开心，心里一下子轻松多了。

涵涵妈妈平时工作比较忙，经常下班的时候孩子已经睡着了。涵涵爸爸工作时间比较自由，大多数时间涵涵都是由爸爸来照顾。因此，涵涵跟妈妈的关系就没有跟爸爸的那么亲密，这让妈妈常常觉得很内疚。所以这次旅行，涵涵妈妈就想尽量多陪陪涵涵。一路上，她都在和涵涵聊天，给涵涵讲那些看起来和家里不一样的风景，还有那些五花八门的小吃。她们母女二人一路上笑声不断，让我们也觉得很开心。快乐是可以传染的，它能感染身边的每个人。

逛累了，我们就在古镇的一家小店坐下吃东西，涵涵妈妈非常感慨地说："上班这么多年，时间都在忙忙碌碌中度过了，今天和涵涵一起，才意识到除了职场女性这个标签，自己更是一个妈妈。"

就在涵涵妈妈感慨的时候，涵涵突然说："妈妈，你以后都能这么陪我玩吗？"涵涵妈妈赶紧抱过涵涵，满口答应着。

那天晚上孩子们睡着以后，涵涵妈妈和我在院子里聊天，她说如果不是这次跟着我们一起出来玩，她还意识不到原来涵涵这么需要她。而她也准备改变自己的工作模式，要多留一些时间给涵涵和自己。是的，带着孩子去旅行，不仅能开阔孩子的眼界，还能让父母与孩子之间的关系更亲密，这就是我认为的亲子旅行的意义所在。在旅途的未知中，我们要一起面对各种各样的问题，解决问题的过程或许没有那么顺畅，却给了我们一家人彼此之间更加了解、更加信任、更加依赖的氛围，这是多么难得呀！

02 孩子不是旅途中的"麻烦"

从小锟4个月大我们正式迈出亲子旅行的第一步,至今我们已经走过50多个国家和地区。锟爸只要有时间就会陪我们一起,但更多的时候是我和小锟两个人。很多朋友会问"一个人带着孩子出去很累吧?"其实,并不是,小锟不是旅途中的"麻烦",而是我的伙伴。每次旅行我都感觉像是回到了自己的童年,因为小锟,我们看到了不一样的风景。

在小锟出生以前,我和锟爸也去过很多地方,小锟出生后,我们又带着他再次去到一些游玩过的地方。结果却让我们很意外,或许以前两个人的旅行太过匆忙，带着小锟重新走过的时候，居然发现了很多不一样的风景。或许这就是亲子旅行的魅力，它的节奏注定不能太快，脚步慢下来，用心去感受，就会发现更多的美。小锟的加入，让我们重新调整了旅行的节奏，也让我们重新认识了旅行的意义。

我和锟爸第一次去承德避暑山庄是在夏天，当时天气很热，游客也多。我们急匆匆地按照地图向前走，每个小景点都要排队等候。而且由于天气比较热，我们都是选择乘坐景区的电瓶车穿梭于各个小景点之间。一个偌大的避暑山庄，我和锟爸用了3个小时就走到了出口。回到家之后，我们回头想想，那次旅行好像都没有留下什么特别深刻的印象，心里总觉得有很多遗憾。一来我们的游玩速度实在是太快了，为了凉快些、少走路，我们都是选择电瓶车，中间错过了很多比较有特色的地方；二来我们去的时候正好赶上节假日，游客很多，无论走到哪里都是满满的人，那一次的旅行更像是在人群中不断穿梭。

所以那一次我们只能算是去过避暑山庄，而不是好好游玩过。这个遗憾一直都在我们的心里，小锟3岁的时候，我们再次把避暑

山庄计划到行程中。这一次我们去的季节是冬天，通常大家都是夏天去避暑山庄，但我们到了避暑山庄之后，发现冬日里的避暑山庄别有一番景致。因为带着小锟，我们走得很慢，每到一处都会停留一段时间。走到烟雨楼的时候，我和锟爸有一种特别熟悉的感觉，但是上次来并没有到过这个景点，问过向导才知道，这里就是电视剧《还珠格格》中漱芳斋的取景地，原来如此。这个景点唤起了我和锟爸小时候的记忆，我们激动地聊着曾经追剧的趣事。小锟虽然体会不到我们的这种感受，但他看到我们开心地聊天，也开心地凑过来听故事。

我们去的时候气温很低，湖面上已经结了厚厚的冰层，工作人员还特意划出了一块可以滑冰的区域。但是我们继续往热河泉方向走的时候，却发现在冰层的边缘流淌着冒热气的水。小锟指着水问我们："为什么这边结冰、那边不结冰呢？"我和锟爸面面相觑，一时不知该如何回答，不过我们并没有随意去解说，而是准备和小锟一起寻找答案。

上网查过资料后我们才知道，原来"热河"的名字正是源于此处。大约七千万年前，这里曾发生过规模巨大的火山喷发，形成许多裂缝，地面上的水通过裂缝渗入地下，经地温加热后再由深处涌出，便形成了现在的热河泉。温泉水流入武烈河后，武烈河下游在承德市内的部分，即使在冬季寒冷的气候下也不结冰，热气蒸腾，所以被称为"热河"。

小孩子对一切都充满了好奇，旅途中的一切都是新鲜的。身边有一个随时会发问的"十万个为什么"，你就不得不做一些功课。跟小锟一起探寻答案的过程很快乐，类似于小时候解出数学题的畅快感。我和锟爸都是"80后"，虽说小时候的物质条件已经比父辈们好很多，但跟今天的孩子相比，还是有很多的遗憾和缺失。在和小锟一起的旅途中，陪他一起玩孩子的游戏，从孩子的角度看世界，弥补了我们自己童年的很多遗憾。

所以，亲子旅行的路上，不论是小锟、锟爸，还是我自己，我们都在不断汲取旅行带来的营养。不同的角度看同样的世界，也让我们看到了不同的景色。对我和锟爸来说，陪伴小锟旅行的时光，也是重温我们自己的童年时光。现在，旅行已经是我们生活中不可或缺的一部分，我们会继续陪小锟走下去，一起享受我们共同的美好童年时光。

03 孩子,我为你骄傲

先贤们倡导"读万卷书,行万里路",读书是认识这个世界的捷径,不出房门便可博古通今、纵观天下;行万里路就相对难一些,但在我看来,难也是值得的,很多事情看再多遍不如亲身经历一次的印象更深刻。

很早就知道英国人时间观念很强,但我在英国的一次跟团游中才真正体会到这一点。到了约定时间还有几位客人没到,司机师傅很严肃地与向导交涉,并提出立即按照原计划出发。向导阻止了司机师傅,两人为此发生了争执。当时,小锟问我:"妈妈,司机叔叔为什么生气?"我说:"因为有人迟到了,他们耽误了大家的时间,所以司机叔叔很生气。"后来我们去到法国,有一次打车去一个景点,叫车之后我们在酒店外等了半个多小时司机才赶到。他慢慢悠悠地停好车走过来,笑着说:"没事没事,不要着急,我们现在就出发。"小锟问我:"妈妈,司机叔叔迟到了,为什么他还是很开心呢?"是啊,都是迟到,为什么在英国和法国,司机的态度会截然不同呢?这种对比给小锟留下了深刻的印象,将来的某一天,当他看到书上讲不同国家、不同民族习俗不同的时候,也许就会瞬间明白这是为什么。

小锟3岁多的时候,我们在西双版纳茶马古道学习采茶,采茶之前老师告诉他"一芽一叶是好茶",小锟就一边念着这句话一边按照这个标准采茶,采茶的过程很有趣,像做游戏一样,小锟玩得很开心,也很自然地将这句话记在了心底。后来过了很长时间,一次我们散步的时候,他看到路边的小草,又想起了老师的那句"一芽一叶是好茶",让我和锟爸吃惊不已,没想到旅行中的那些活动给他留下了如此深刻的印象。

带小锟去旅行的初衷很简单,就是希望他能多看看这个世界,感受不同文化、不同历史、不同民族的真实画面。我们到底该如何去度过这一生,每个人都有自己的答案。我希望孩子能在看过大千世界后,给出自己的答案,而不是沿着一个固定的生命轨迹走完一生,我能做的就是给他一个无限可能的未来,让他自己去决定想要过怎样的生活。

带小锟一起旅行这么多年,要说最大的收获,可能就是他比同龄的孩子更独立,这一路走来,他让我越来越省心,而且现在还能帮我很多忙,经常让我觉得感动和意外。

那次去云南彝族村寨的时候，寨子里的小朋友看到我的三脚架和单反相机特别感兴趣，都围了过来。看着孩子们渴望的眼神，我就想要给他们讲一些关于相机的知识，正准备要讲的时候，小锟突然对我说："妈妈，还是我去吧。"得到我的允许后，小锟接过相机就走进了小伙伴中间。

在我和小锟的旅行中,小锟一直是我的小小摄影师,所以他是懂得一些摄影知识的。我很开心他能提出这样的请求,也非常愿意给他这样的机会。孩子们把小锟围在中间,小锟很开心地给彝族的小伙伴讲解摄影,小伙伴们也听得很认真。后来,孩子们提出想要自己亲自拍摄一张照片,小锟很痛快地答应了。孩子们有序地排队拍照,一起欣赏、讨论人生中的第一幅摄影作品,开心极了。有几个孩子比较害羞,很想去尝试拍摄,又有点不好意思,躲在一旁。小锟发现后,主动走到那几个小伙伴面前,邀请他们一起加入。

事实上,小锟知道单反相机是比较贵重的设备,但是他并没有拒绝小伙伴的要求。后来晚上睡觉的时候,他跟我说:"妈妈,那些小朋友很珍惜相机,所以我愿意给他们去拍摄。"听他这么说,我很欣慰,原来我看到的、我感受到的,小锟也一样看到、感受到了。他没有关注我们的相机是否会被不经意弄坏,也没有在乎相机上脏乎乎的小手印,只想给小伙伴们一个体验的机会,他关注的是真正宝贵的东西。

我们每个人都决定不了自己的出生,但是我们可以用自己的双手改变命运。可能很多父母都会跟孩子说,要珍惜自己的学习环境和生活环境,因为还有很多小朋友没有这样的机会。但是这些话说再多遍,可能都不如身临其境的感受更能触动孩子。我希望小锟在一次次的旅行中,看到这个世界的精彩,也能感受到生活的差异,尝到甜,也能体味苦,在观世界的途中,收获自己的人生观、价值观和世界观。

第2章 在旅途中不断成长

　　观世界而后有世界观,我和小锟一路走来,看过了不同的风景、听过了不一样的故事,经历了别样的人生。我想,这一切都会潜藏在小锟的心底,滋养他未来的人生路。

01 我们学会放手，孩子才能学会独立

作为父母，我们都希望自己的孩子能够早点独立。其实，旅行就是培养孩子独立能力的好方法，或长或短的旅途中都满是锻炼孩子的机会，这就需要爸爸妈妈们抓住机会好好引导。

小锟3岁的时候，我们第一次到安徽的黄山。当时，大家都觉得让这么小的孩子爬上黄山是不可能实现的一件事。在攀登的过程中，我们的确遇到了很多困难，虽然一个3岁的孩子还不算太重，但一路抱着爬黄山，也是不现实的。

小锟的体力,我们心里是清楚的,也是基于这样的了解,我们才敢带他去爬黄山的。爬山过程中我们一直是边玩边走,小锟喊累的时候,我们就停下来休息,直到小锟觉得可以走了再继续爬。如果他要求抱抱,就继续休息。我们当时觉得,哪怕这一次不能到达山顶也没有关系,只要小锟能够独立爬山就是成功的。就这样,我们一路走走停停,也不知道中间到底休息了多少次,最终,我们到达了山顶。

事实上，不仅是在旅行中，在日常生活中也是一样的。我能体会父母对孩子的感情，真的是想要尽自己的努力去满足孩子的所有愿望，尤其是在孩子小的时候。因此，常常忽略了一个非常重要的问题：爱孩子不是溺爱，满足不是没有条件的。也就是说，并不是孩子提出来的所有需求，我们都要一一满足。很多事情，要学会放手。不要觉得孩子小，其实他可以做很多事情，当你学会放手的时候，也就是孩子独立的开始。

在云南的西双版纳，有个丛林挑战的项目。按照工作人员的说法，小锟应该是最小的挑战者，当时的小锟只有两岁多。参加这个项目之前，我以为是可以和孩子一起相互配合完成的，到了现场才发现，原来这些项目都要每个人独立完成。第一道关就是一个在两棵大树之间的滑行，小锟需要一个人通过。穿戴装备的时候，小锟害怕地哭了。看着他害怕，我就先去安慰他。其实很多父母在这个时候，是会拒绝让孩子参加的，一方面觉得这个项目太过危险，另一方面也会觉得为什么要这么小的孩子去参加这样的一个项目，等孩子再大一点去参加不可以吗？对项目的担心加上孩子的害怕，很快就会放弃。

看到小锟的眼泪,说不心疼那是骗人的。但是我想让小锟去挑战自己,去试试看,是不是真的不可以。中途放弃并不可怕,可怕的是从来没有开始过。有谁可以保证我们的一生中,所做的每一件事都是成功的呢?唯有去开始,才能知道自己到底是否可以到达成功的彼岸。

"小锟,在妈妈心里,你是最棒的。你先滑过去,妈妈紧跟着你滑过去。好吗?"我试着对小锟说。

"妈妈,一起。"

"不行的,宝宝,这是一个需要自己去完成的游戏,妈妈相信

你可以的。"我不知道自己重复了多少句这样的话,真的记不清了。直到小锟做好心理准备,配合教练去完成设备的穿戴,准备开始滑行。穿戴齐全的小锟回头看我,我对他打了一个加油的手势,对他喊加油,小锟开始了自己的挑战。当看着他成功滑到对面的一棵大树上的时候,我的眼泪夺眶而出。或许那是一种骄傲吧,也或许,是我对孩子的一点愧疚,似乎不应该让他在这么小的年纪去做这样的挑战。但是人生的挑战又何止如此呢?他必须有面对挑战的勇气,有独立处理事情的能力。这样,在未来的人生道路上,才能具备应对未知的能力。

孩子终有一天会离开我们的怀抱，独自面对人生道路上的酸甜苦辣，与其留给孩子大量的物质财富，不如教会孩子独立处理问题的能力，我觉得这才是给孩子最好的人生财富。不过，独立能力的培养，不是一蹴而就的，要不断地引导，慢慢放手，切记不要效仿，不要攀比。每个孩子的情况都不一样，我们不能要求所有孩子都按一个节奏来。

有一次，我参加洛阳白云山的一个旅行活动，临近出行的前一天，小锟要求一起同去。我考虑了一下，就带着小锟一起去了。到了白云山以后我才知道，这次行程中的一个环节不太适合年纪小的孩子参与。行程的第二天我们要去攀登白云山，拍摄日出，由于客观环境的影响，我们需要徒步攀登。同时为了拍摄日出，需要在凌晨两点开始攀登。对于一个4岁的孩子来说，凌晨两点起床已经很困难，虽然小锟跟着我旅行多年，凌晨起床对他来说不算特别困难，但是攀登高山这件事，还是非常困难的。正值秋季，凌晨有些冷，一个成人攀登上去都需要3个多小时，何况是一个4岁的孩子。

思虑再三，我决定让小锟放弃这个行程。虽然这个决定没问题，但问题是我那次独自带着小锟，这意味着在我凌晨两点离开房间后，整个房间只剩下小锟一个人,而我要在早上八点钟才能返回酒店。一个4岁的孩子,住在陌生的酒店里,一个人到天亮,相信很多妈妈都会觉得不可思议,甚至是不能想象的事情。但活动不能就此作罢,我必须要前往。事实上,我之所以做出这个决定,并不是头脑发热,而是多年的旅行经历让我非常清楚小锟的能力,我认为他是可以一个人在房间的。

晚上睡觉前,我开始跟小锟沟通这件事:

"小锟,妈妈明天凌晨两点要去爬山拍摄日出,你需要自己一个人在房间里睡觉,你觉得可以吗?"

"妈妈你什么时候回来?"

"大概早上八点钟,妈妈就可以回来了。"

"妈妈,你去吧,我可以。"

小锟的语气很坚定,但是我仍然不放心,虽然我知道小锟的能力,但他毕竟只是一个4岁的孩子。于是我追问:

"真的可以吗?"

"可以。"

"好吧,妈妈告诉你,你早上醒来的时候,按电话上的这个键,酒店前台会有人接听,你告诉阿姨,你需要帮助。让阿姨帮你穿衣服,然后带你去吃早餐。"

小锟一边听着,一边点头回应我。我把电话上可以一键拨通前台的按钮告诉小锟,并且告诉他,早上醒来的时候不要哭,也不要怕,我在八点钟就会回来找他。

就这样,我叮嘱好小锟以后,再去酒店前台,告诉前台的工作人员,小锟一个人在某个房间,在早上七点左右的时候,需要前台的工作人员帮忙,帮助孩子穿衣服或者一些其他的事情。酒店的工

作人员非常好，在整个过程中，她都会帮我去看看小锟，这让我放心不少。不过她们也有自己的工作，不可能全程照顾小锟。她们可以这样帮我去照顾小锟，我已经非常感谢了。不过即使如此，我相信很多爸爸妈妈也不会这样做。当我把这件事分享出来的时候，不论是家人还是朋友，都认为这样的做法简直是疯狂的。如果孩子半夜起床要找妈妈，或者发生一些不可挽回的事情，那可怎么办呢？

事实上，这些问题我都考虑过，我的判断也是来自对小锟的了解，以及我们多年旅行的经验和阅历，我知道小锟有这个能力可以面对。在这里，我需要强调的是，这样的事情并不适合每一个4岁的孩子。我们决定让孩子去做一件事的时候，一定要结合孩子自身的情况。如果孩子从来没有出过远门，而且很依赖爸爸妈妈，这样做就不合适。有朋友跟我说过这样的情况，她早上带着孩子一起出门买早餐，在卖早餐的地方停下车，车与早餐点的距离只有几米。她在车里的时候，已经跟孩子沟通好，买个早餐就回来，但是朋友刚刚下车，就听到车里传来孩子的哭声。

面对这样的情况，爸爸妈妈也是没有办法。事实上，这里反映了孩子对父母的依赖，以及缺乏安全感。其实，在白云山这件事之前，小锟已经可以一个人在家里,我和锟爸短暂外出,他都没有问题。如果这期间需要帮助,他会主动打锟爸的电话或者我的电话。我也曾问过小锟,为什么他可以一个人在家,为什么不会害怕,更不会哭。小锟看着我,很认真地说:"因为我知道你还会回来啊。"他的这句话让我很惊讶,同时也觉得很欣慰。这是孩子对父母的信任,他知道爸爸妈妈会在约定的时间回家,不会抛弃他。小锟一个人在家的时候,会看自己喜欢的动画片,读自己喜欢的书,做一切他喜欢做的事情。

在强调独立之前,有一个更重要的问题需要关注,那就是安全。当小锟一个人在酒店,或者一个人在家的时候,我们最担心的就是孩子的安全。而安全意识也是培养孩子独立过程中不可缺少的。相信很多父母都给孩子讲过小红帽的故事,这些故事能够帮助我们给孩子树立安全意识。我们也用了很多的方法来引导小锟树立安全意识,有趣的是,很多方法都是小锟自己提出来的。举个简单的例子,我去楼下小区超市买东西,即使时间很短,距离不远,小锟还是会叮嘱我:"妈妈,你回来的时候,要说'儿子,我回来了',那样我就知道是你,就会开门的。"听到孩子这么说,我很开心,他已经有了自己的摩斯密码,这是他和我之间的妈妈密码。

想必很多爸爸妈妈都用过这个方法，而我没有想到的是，在我提出来以前，小锟已经能够主动提出来这么做。安全意识的前提是彼此之间的信任，我相信孩子可以应对，而孩子也相信我可以按时回家。虽然是生活中的一件小事，却能反映孩子和父母之间的沟通和信任。有的爸爸妈妈经常承诺孩子一些事，最后由于各种各样的原因又不能履行，这对孩子来说是一种伤害。爸爸妈妈们可能会说，我已经跟孩子道过歉了，孩子也已经表示过原谅了。但是，说对不起的次数多了，原谅的成本也就变得高了。失望的次数多了，孩子可能会对父母逐渐失去信心，重新建立孩子与父母之间的信任，需要付出更多的时间和耐心。

周老师心理课堂

春春老师对待小锟的态度可谓有取、有舍、有勇气，令人敬佩。其实这一切源于春春老师对小锟的了解与信任，而在小锟应对困难的反应与处事方式上也能感受到妈妈的态度对小锟的影响。

小锟与妈妈之间建立了非常稳固的安全依恋，著名心理学家约翰·鲍比早在1969年就指出"亲子依恋是个体与父母之间形成的特殊情感联结，这种情感联结亲密而持久，为个体提供情绪支持、安全感和自信心"。形成安全依恋的孩子会把依恋对象作为探索环境的安全基地，自如地探险。小锟的行为就是如此，他可以在妈妈面前表现害怕，但依然能够在妈妈的鼓励下勇敢挑战；能够在一个"不可思议"的年龄（4岁）独自一人留在宾馆。这些都出于他对妈妈深深地信任，也出于他与春春老师间建立了稳固、安全的依恋关系，这些为小锟提供了生命早期最重要的社会关系，为他后续的社会性发展打下了坚实的基础。

除此之外，小锟展现出的自主性也是让人为之赞叹的，

2~3岁是孩子自我意识发展最强烈的时期，这时候的他们想要独立、强调自我，越来越有自己的主见，也会希望所有的事情都按自己的想法进行，心理学家皮亚杰指出"0~6岁的儿童是以自我为中心的"，这个时候家长们的"放手"就显得尤为重要，给孩子足够的掌控和决定，能够帮助他们逐渐形成自我，从而建立自己的品质、专注与意志。

当然，这里的放手不是指什么都不管，而是在一定的规则和界限范围内让孩子充分发挥他们的自主性。就像春春老师说的，每个孩子是不同的，每位家长对于规则、安全的理解与接受度也是不同的。所以家长们可以按照自己家庭的规则帮助孩子在一定的界限范围内自主探索。

许多时候，我们给孩子限制是因为我们不相信孩子能做到，其实永远不要低估孩子的力量，当你给他信任、保他安全，他便会发展出让你意想不到的自主与力量！

02　你好，朋友！

我们在旅途中遇到困难的时候，总会去寻求陌生人的帮助。所以，遇到陌生人的时候，小锟不会胆怯，他会微笑，正是因为这个微笑，我们的旅途变得更加顺畅。因为微笑，他可以第一时间融入当地人的生活，很用心地跟当地人交流。面对这样一个小孩子，不论对方是谁，都会很热情地回应，而我们也因此打开了话题，化解了尴尬。

孩子是天生的模仿家，爸爸妈妈的言行举止都会在孩子的身上有所体现。随着孩子慢慢长大，这些言行可能会潜移默化地影响他的人生轨迹。因此，带小锟旅行的时候，我也会格外注意自己的言行。

遇到陌生人，我总会主动友好地打招呼，很多事情也因此变得顺利。我希望孩子能够从一句善意的问好开始，学会与人交流，学会与这个世界和谐相处。

小锟 22 个月大的时候，我和锟爸带着他去了菲律宾的长滩岛。当时小锟拿着自己的沙滩玩具在海边玩，这时一位爸爸带着两个儿子走过来，看到我们在休息，孩子的爸爸就很热情地和我们聊天，

而他的两个儿子开始和小锟一起玩。这两个孩子，大概是一个3岁、一个5岁的样子。两个孩子很自然地拿起小锟的玩具开始一起玩，不过小锟就没有那么友善了，他看到两个小哥哥拿他的玩具，先看了看我，又看着两个小哥哥。我很明白小锟的意思，他觉得两个小哥哥拿了他的玩具，他想要第一时间拿回来，不想给两个小哥哥玩。这时，我下意识地想去对小锟说"玩具是要分享的"。当我想要走向小锟的时候，跟我们聊天的那位爸爸阻止了我，他对我说，你要学会让孩子们自己去解决他们之间的问题，我们观察就好了。于是我止住了步伐，回去继续聊天，不过聊天的过程中我也时刻关注着小锟的举动。他看我没有理会以后，自己又别扭了一会儿，开始在地上趴着，后来直接起身，慢慢地走向两个小哥哥。不过，一开始两个小哥哥根本不理会他，因为刚才小锟不愿意分享的举动让两个小哥哥觉得不太友好，所以小锟的第一次主动并没有换来两个小哥哥的反馈。后来小锟在两个小哥哥的周围转了转，然后拿起小铲子，主动往小哥哥的桶里装沙子。呀！小家伙竟然开始第二次主动接触了。

看到小锟如此热情地帮忙，小哥哥这一次没有冷漠对待，而是对小锟笑了一下，然后三个孩子就一起玩了起来。看到这样的画面，我当时还是比较惊讶的，没想到这么小的孩子也能处理好自己和小伙伴之间的问题，看来很多时候只是我们做父母的把问题想复杂了。后来那位父亲对我说，当孩子之间出现问题的时候，我们不需要第一时间处理，给孩子一个自己解决的机会，我们只需要关注就好了。如果孩子处理不了，我们再介入也是完全没有问题的。那位爸爸分享的育儿经验，让我受益颇多。

　　小锟最初的戒心和不分享，疏远了两个小哥哥，后来小锟意识到自己的问题，开始主动接触和分享，最终得到了两个小哥哥的认可和接纳。而那位睿智的父亲的分享也让我受到了很大的启发。这一切都让我觉得，这趟旅行就是一个天然的亲子课堂，不仅让孩子认识了新的小伙伴，也让我认识了新朋友，从他们身上我学到了很多。虽然我们需要对陌生人有防范意识，但是也要有敞开胸怀接纳的心态，我想对那些在旅行路上帮助过我们的朋友说一声"好久没见了，你们还好吗？"

周老师心理课堂

心理学家莱茵戈德研究过婴儿的分享行为，发现孩子在15~18个月就开始出现一次或多次的分享行为。可以看得出分享是人类早期就具备的一种社交能力，但是许多家长也会注意到，孩子在2岁左右开始显得不愿意和他人分享，这是怎么回事呢？其实对于孩子来说，这个年龄阶段是自我意识产生、开始逐渐形成私有意识的时期，所以他们会非常强调和在意"这是我的"，这时候家长们切忌认为孩子这样的行为是自私的，这恰恰是这个年龄阶段的孩子在逐渐建立自我。

对于22个月的小锟来说，他想要第一时间拿回自己的玩具是非常正常的行为，他想要向他人宣告"这是我的玩具"。生活中遇到类似的情况，家长们大多都会有春春老师最初的反应，想要马上告诉孩子要学会分享，但旅途中那位"旁观"的爸爸却给了很好的示范。孩子通常在和同伴交往的过程中练习着他们的社交技能，逐渐学会和他人

协商、合作，这时候父母的干预会影响他们的学习。对于不到2岁的小锟来说，这次的经历让他看到自己"不愿分享"的行为会得到同伴怎样的反馈。当然孩子都希望有人一起玩耍，所以在这样一个社交情境下，小锟是有挣扎的，他感知到自己的行为需要一些调整，而最终他做了选择，主动和小哥哥们接触，当然也得到了他想要的反馈和结果。相信这一次的经历对小锟来说是非常好的社交经验，旅途提供了这样天然的情境，而春春老师的做法给了小锟足够的自主，也给了他一个非常好的社交学习机会！

 03　商量一下，或许可以呢？

或许是旅途中遇到了太多需要沟通解决的事情，抑或是看过了太多事情的转折，不知道从什么时候开始，小锟学会了"商量"这个词，遇到事情的时候他不会马上放弃，总是希望我去商量一下，看看事情有没有转机。

我们在土耳其游玩的时候，报名了一个项目，叫"热气球观日出"，这个项目也是到土耳其游玩必打卡的。但是这个项目有个规定，只有7周岁以上的儿童才可以参加。当时小锟6岁，按规定是不能参加的。不过我们还是报名了，向导跟我们说先报名，到了地方以

后再去仔细询问一下年龄的问题。一路上我都在担心,万一小锟不能参加该怎么办,小锟也在担心。到了之后,小锟跟我说:"妈妈,我们去问下为什么不可以?"我心想既然是规定,肯定是不可以轻易打破的,问了也不一定有用。"妈妈,你去商量一下。"小锟催促我。啊,商量,我心里有些犯嘀咕了,这也可以商量吗?不过既然来了,小锟肯定是希望能体验一次的,为了实现他的小小愿望,我还是要试着努力一下的。我问现场的工作人员,为什么规定只有7周岁以上的儿童才能参加这项活动。他们解释说,在热气球上是绝对不可以抱着孩子的,年龄太小的孩子,由于身高的限制,站在热气球里是看不到任何景色的;而且年龄小的孩子通常比较好动,热气球上也是不允许有大动作的。

了解了这些情况之后,我就知道小锟是有可能参加的,因为小锟虽然只有6岁,但是身高远远超过了热气球的围栏,完全可以看到外面的景色,而且经过这么多年的旅行,小锟比同龄人更独立、更成熟,是可以安安静静参加这个活动的。结果也是如我所预料的,小锟顺利地通过了工作人员的考验,跟我们一起乘坐热气球观看了日出。

　　从热气球上下来之后,小锟骄傲地对我说:"妈妈,我说吧,很多事情是可以商量的。"我知道小锟有很多想法,可我也明白虽然有很多事情可以商量,但是也有很多事情是不能商量的。我会在以后的生活中不断引导,慢慢让小锟知道,哪些事情可以商量,哪些规则是必须服从的。但当时小锟的想法还是值得肯定的,他知道争取,知道想办法沟通,这一点很好。很多事情,如果我们尽最大努力,或许结果就会不一样。所以,我肯定了小锟的想法,表扬了他。我希望他将来能够尽自己最大的努力去做好自己喜欢的事,尽量不给自己留遗憾。

周老师心理课堂

在沟通中，我们能够真正倾听他人、了解对方需要、进而表达自己的需要、彼此达成共识，这些都是美国的马歇尔·卢森堡博士提出的"非暴力沟通"中的重要元素，我们所说的商量也大概如此。这样的沟通方式在育儿中尤为珍贵，为人父母我们常常会感觉孩子小，很多东西不懂，所以我们容易站在"权威"的角度与他们沟通，真正做到尊重孩子并不容易。

看得出春春老师在旅行中一直把小锟当作独立的个体，在土耳其的热气球项目中更是如此，春春老师并没有因为"规定"而直接拒绝小锟，而是先和工作人员了解规定背后的原因，之后找到了可以"商量"的部分。最终小锟能够如愿以偿登上热气球，与彼此间友善的沟通有很大关系。相信这样的经历会让小锟在很多事情上愿意尝试，虽然有所担心，但依然能努力沟通，这也就是所谓的勇气吧！

04 有些规矩一定要守

人是生活在社会中的,有些规矩是一定要守的。所以,从小我们就应该让孩子知道,有些规矩是一定要守的,有些底线一定不能碰。我们在旅行中就遇到过很多这样的事情,小锟也逐渐树立起了规则意识。

在新西兰的一次旅行中,我们经历了警车追踪的囧事。这件事是关于儿童座椅的,确切地说,是关于孩子在乘车过程中应该如何保证安全的问题。其实对很多爸爸妈妈来说,这不算什么难解决的大问题,在车上安装安全座椅,让孩子出行的时候坐在上面,就能

解决基本的安全问题了。不过在新西兰,我们租的车里没有安全座椅,事实上即使在家里,我们出行的时候,小锟也是不习惯乘坐安全座椅的。这一点确实是我们做父母的问题,没有给他养成乘坐安全座椅的习惯。

记得那是快要到基督城的时候,小锟调皮地站了起来,没有好好坐在座位上,我还没来得及劝阻,就听到后面隐约有喊话的声音。锟爸也没有想到被喊话的车辆会是我们,一直按照原来的方向继续开。后来发现那辆车一直追着我们,而且已经明显看出来那是一辆警车。锟爸赶紧在路边停了下来,警察走了过来,示意锟爸出示驾驶证以及相关证件。

这个时候我们还不知道为什么会被拦截下来,之后警察解释说,小孩子不可以在行车过程中站起身来,需要系好安全带。这时,我跟小锟说,警察叔叔之所以拦下我们的车,是因为他没有系安全带,而且因为他的这个行为,我们可能会被罚款。这一切小锟都看在眼里,当时的表情很明显有些后悔,他知道是他的错误造成的。

我想这正是一个很好的教育机会,在警察和锟爸交流的同时,我继续对小锟说:"警察叔叔说,小孩子不系安全带是非常危险的,这样的动作不能再次发生了。"小锟低着头,虽然没有回应我,但我可以很明显地感觉到,他已经意识到了问题的严重性。

锟爸还在和警察沟通,我想这一次罚款是跑不掉了,我和同行的老姨讨论着这个话题,小锟一会儿看看我们,一会儿看看警察。直到锟爸再次回到车里,对我们说,这一次没有罚款,算我们运气好，不过没有下一次了。锟爸又看着小锟说:"一定要系好安全带,警察叔叔刚刚批评了爸爸,因为这样很不安全,爸爸万一刹车,会摔伤你的。"小锟低下了头,眼睛一直看着下面。

当车子再次发动起来时,小锟跟我说:"妈妈帮我系好安全带。"我真是个粗心的妈妈,刚刚说完就忘记帮助他系安全带了,于是赶紧系好。这个时候我意识到,小锟认识到了自己的错误,现在已经开始改正了。我们都很开心,他意识到了系安全带的重要性。

本来我以为他只是在那个环境中的反应，我想以后还要继续以此作为案例教育他，毕竟长期的习惯一下子改好并不是那么容易的，我已经准备好时时去提醒他。不过让我意想不到的是，之后在我们每一次启动车子之前，他都第一时间要求我帮他系好安全带，这个习惯一直保持到现在，我想我们以后不用发愁系安全带的问题了，那件事一定在他的脑海中留下了深刻的印象。这个经历不仅让小锟树立了安全意识，也给我们上了一课。在孩子的安全问题上，不能抱有侥幸心理，麻痹大意，一定得引导孩子守规矩。

周老师心理课堂

春春老师一家在新西兰的这段经历让我想到帮助孩子立规矩的"自然后果法",不需要父母过多的说教,在相应的结果中,孩子意识到了自己行为的不当,从而进行调整。这样形成的规矩对于孩子来说是非常容易内化的,就像春春老师没有想到小锟离开了异国他乡的情境,在日常生活中也会要求系安全带。

当然在整个过程中,春春老师当时的处理也帮助小锟更好地为自己的行为负责。心理学指出,当遇到错误时,家长如果能和孩子一起面对错误,并能给孩子提供一个机会来进行弥补,让他们学会承担结果,并感受到被原谅,是能够教会孩子自律的一个很重要的契机。在被警车追踪后,其实小锟就已经意识到自己行为的不当,春春老师这时候并没有严厉地批评小锟,而是和小锟一起面对这样的情形,同时给了他机会去改正。相信这段经历不仅能够让小锟更有勇气面对自己的错误,同时也会让小锟更加自律。

05 不断增长的自我管理能力

孩子刚出生的时候,还没有照顾自己的能力,所有的事情都要依赖我们。但是随着慢慢长大,他们开始有能力做自己的事情,我们就要学会放手。因为人生这条路,终究是要孩子自己走,你越舍不得放手,他将来越辛苦。

受益于旅行的经历,小锟的自我管理能力要强于同龄孩子。现在,他基本上可以独立安排自己的时间,不需要我操心。小锟一年级寒假的第一天,在飞往莫斯科的飞机上,长达八小时的飞行途中,小锟一半的时间都在做寒假作业。他先拿出数学作业,做了几页以后,

换了语文作业,交替进行。期间遇到不懂的题目会来问我,但这种情况并不多,大部分时间我们都在各自忙自己的事情。我问小锟为什么要这么做的时候,他的回答让我觉得很欣慰。小锟说,他很喜欢出来旅行,但是作业也要按时完成,如果等到旅行结束再写作业就写不完了。听到他这么说,我知道他已经可以合理规划自己的时间了。

随着旅行次数的增多,我发现小锟越来越有自己的想法了。他小的时候,基本上都是我们来决定去哪个国家游玩,安排怎样的路线。而现在,小锟会跟我说他自己想去的地方。我记得有一次,他对我说:"妈妈,我想去捷克。"我问他:"你为什么想要去捷克呢?"小锟看了看我说:"因为捷克有漂亮的红房子,我想去看看是不是和动画片中的一样。"原来一部动画片中讲述了发生在捷克的故事,小锟记在了心里,他想要亲眼去看看动画片中的那些红房子。小锟这么说,我非常开心,他已经学会了思考,而不是全盘接受,他想到要去实地参观。一部动画片是从别人口中讲述的样子,而真正的样子只有自己去亲眼看一看,才会知道。

小锟是个特别守时的孩子,我和他约定任何事,只要是商量好了,他都会遵守。我们也不会轻易打破他养成的好习惯。我相信很多家长都会头疼孩子玩电子游戏的问题,实际上小锟也很喜欢玩电子游戏,但是我们不能放任孩子去玩,而是要有节制地玩。我和小锟约定好每天可以玩游戏的时长,他每次都能严格遵守。而且,在我们约定好要去做一件事情的时候,他总是会在时间快到的时候提醒我不要迟到,或者按照约定的时间出发。小锟这个守时的好习惯也得益于旅行,因为我们有时候会报名一日游的行程,这样的行程对时间要求非常严格。次数多了，小锟的时间观念就建立起来了。

    这个世界变化很快，我们无法预测未来哪个行业会更好。但我想，一个自我管理能力强的孩子，不论在什么样的社会环境中，不论从事哪种工作，都能做得更好。

周老师心理课堂

孩子的自我管理，源于早期父母对他们的赋权。6岁之前，孩子在不断地摸索和尝试中逐渐形成自我，这个时期家长们在一定规则的限定下，对孩子自主性需要的满足能够帮助孩子形成良好的自我，成为一个自尊、自信的人。心理学研究表明，自我意识与孩子的学业成绩、职业成就有显著的正相关，具有良好自我意识的孩子不惧怕新环境，愿意探索，善于控制自己的行为，独立且合群，富有创造性和想象力。

小锟的经历就是非常好的诠释，丰富的旅行经历，以及春春老师的"放手"与信任，都给了小锟很多的机会去了解自我、形成良好的自我意识，这样的情形下，学习管理、时间管理不再是外界的要求，而变成小锟自己的事情，是他自己的选择，相信这样的小锟无论是现在还是将来都是一个能为自己负责、有担当的孩子。

06　看得越多，越懂得尊重

从小锟4个月大到现在，我们一起走过了全球50多个国家，看过了不同的种族，不同的人生，不同的故事。

我们曾经去过巴布亚新几内亚的一个原始部落。她们的部落是不能随意进入的，想要进去必须得到酋长的同意。走进村子的时候，部落里的主人们早已等候着我们的到来，不过她们的穿着打扮着实让同行的朋友感到意外和吃惊。出来迎接我们的是她们的酋长、副酋长以及部落里的一些成员，这些女性不论年纪大小，全部都是袒露着上半身，下半身则穿着自制的草裙。我和小锟看到这样的装束

并没有觉得吃惊，这是她们的风俗和文化，没有必要评论，只需要抱着尊重的态度就可以了。

按照当地向导的安排，由酋长带着我们参观整个村落。村落里有一条主道，想来是她们自己打通的，两旁是茂密的树林，这些树木是她们赖以生存的食物来源，椰子树、香蕉树随处可见。在这里让人感叹大自然的馈赠，它几乎提供了生活在部落里的人们所需要的一切物品。

整个部落只有20人左右，大多数是女性，在参观过程中我们没有看到她们的丈夫。酋长告诉我们，她们是有丈夫的，只不过部落里一共只有两个男人，共同承担着丈夫的角色，其他的男性就是几个小男孩了。村里有一条小河，水很清。走到河边的时候，酋长示意小锟下水去玩一玩，闷热的天气里，小脚丫踩在水里很舒服。虽然他们的物质生活比较匮乏，但过得很开心。长在路边的菠萝是她们最好的朋友，椰子树上的椰子俯瞰着部落里的人们，香蕉在成熟的季节带来香甜的果实，一切都是那么的自然融洽，充满着幸福的味道。

一路上，小锟都跟部落里的几个小女孩在一起，几个姐姐一路带着他玩。虽然他们在穿着上有很大的差异，但是小锟丝毫没有觉得异常，他没有像其他人一样去打量，而是像对待平时的玩伴一样。正是因为小锟的"不打量"，很快就与部落里的孩子们打成一片。虽然他们语言不通，各自说着自己的母语，但是通过动作和手势，也一样玩得很开心。

这个世界上有着许许多多不同的民族，他们有着不同的风俗习惯。虽然穿着打扮、饮食习惯等天差地别，但人们对于生活的热爱却是一样的。看得越多，我们就越懂得去尊重，懂得接纳和学习，看着小锟跟各地的孩子玩在一起，我的心里跟他们一样开心。

周老师心理课堂

旅行的魅力与意义也许大概在此吧，陌生的环境、新奇的经历，一切都会让人的视野宽广，接纳度增加。小锟从婴幼儿时期就和春春老师四处游历，见过了不同的风景、相处了不同的人群，这些都为小锟多元和接纳的态度打下了坚实的基础。

除此之外，相信春春老师给小锟树立的榜样力量也是不可忽视的，模仿是孩子显著的特点之一，他们会经常学习父母、老师或同伴的行为，所以"言传身教"显得尤为重要。旅行因为未知、不可控，所以非常能够反映人真实的状态及应变能力。春春老师自身的接纳与多元给了小锟很好的示范，让他知道如何与人相处，渐渐地发展出他自己的人际交往模式。这也便是亲子旅行重要的意义吧，家长与孩子一起经历、一起成长！

同时，接纳他人的前提是接纳自己，一个人只有接受自己的不同，能够自信地面对这些不同与多元，才有可能

真正去接纳周围的不同,逐渐体现出我们常常所说的"胸襟"。从这个角度看,小锟是自信的,是自然的,也是自由的。在与异国他乡的风土人情接触的时候,别人对于小锟来说是不同的,小锟对他们来说亦是如此。小锟的大方与开放让他能够快速融入不同的环境,也让他吸收着多元文化,眼界与胸襟也就这样"锻炼"出来。

如果条件允许,建议家长们尽可能地给孩子创造不同的生活情境,让孩子在体验中学习,永远不要低估孩子的社会适应能力。旅行是非常天然的环境,无论对孩子还是家长都有着丰富的刺激,而在这样不同的情境中,我们的许多潜能都能被激发出来。

07 你的善良让我骄傲

父母对孩子总是有许多的期许,希望他勇敢、善良、诚实、乐观、勤奋……在所有这些优良品质里,我希望小锟首先是一个善良的孩子。人生不易,我希望他能充满善意地对待周围的人,也希望这个世界能对他温柔相待。

我和小锟在一次邮轮旅行中到过所罗门群岛的霍尼亚拉,虽然霍尼亚拉是所罗门群岛的首都,但是并不富裕。霍尼亚拉虽是海岛,但主打的不是沙滩度假。我们当时主要参观了一些城市景观和村庄。城市里没有高楼大厦,多是两三层的房子,当地人很朴实,对我们也很热情。

在海滩的不远处,就可以看到一些小村庄,房子比城市里的要简陋很多。有一些村民坐在房子前面的平台上卖槟榔,见到我们都很热情。一位老爷爷嘴里嚼着槟榔,希望我们购买一些他的槟榔,但是那个味道我们接受不了。同行人觉得虽然我们吃不习惯,但还是可以给一些钱的,这些钱不多,无关这一次的买卖,只当是见面的情谊吧。小锟将一美元给了一个小哥哥,这钱不是对他的同情,我将它看作鼓励和缘分。

旁边有个小男孩，看样子年纪和小锟差不多，也坐在台子上看着我们。这时，他的一只拖鞋不小心掉在了地上。小锟看到了，丝毫没有嫌弃那只脏兮兮的拖鞋，还有小男孩脏兮兮的脚丫，他捡起地上的拖鞋给小男孩穿上，在场的人都对小锟竖起了大拇指。小男孩的妈妈，更是示意小男孩搂着小锟的脖子，一起拍一张照片，小男孩似乎明白了妈妈的意思，很开心地把手臂放在了小锟的肩膀上，对着镜头微笑，这个时候小锟似乎有些不好意思，不过还是对着我的镜头，留下了最开心的笑容。

那一次的旅途，因为小锟的爱心变得特别温暖。小锟的举动不仅增加了我们旅途中的快乐，同时也给了我们更多与当地人交流的机会。我很开心他能跨越种族和语言的障碍，不管在哪里都能保持这份纯真。孩子，妈妈希望你永葆这颗善良的金子般的心。

周老师心理课堂

　　小锟的行为不禁让我想到美国心理学家米尔曾经提出的"储爱槽"理论。当一个人还是孩子的时候，爸爸妈妈需要不断向"储爱槽"里注入爱，当孩子的储爱槽逐渐充盈，他才能具备爱自己以及信任自己，同时爱别人和信任别人的能力。从春春老师和小锟的亲子旅行经历中可以看得出，春春老师带给小锟的是满满的爱与信任，接纳与理解，这样的爱伴随着小锟一路成长，在如此环境中长大的孩子定是拥有满满的爱与安全感。所以小锟能够很自然地敞开心扉，展现他的善良与纯真。

08　你认真的时候最可爱

在我小的时候，曾经在自然博物馆里看到那只课文中出现的黄河象，至今印象深刻。博物馆是我们看世界的一扇窗，我特别喜欢带小锟逛博物馆。亲子旅行路上，我们和小锟一起走进了很多博物馆。

当然，一开始我们也有顾虑，觉得孩子太小，可能不会喜欢博物馆这样的地方。在走进博物馆之前，我们已经做好了思想准备，如果小锟表现得很调皮，我们就随时走出去。让我们没有想到的是，他竟然很安静地去看那些藏品。在大英博物馆，小锟跟着我看了很多中国馆的珍贵文物。一路走下来，小锟不停地问我"这是什么""那是什么""我们中国的文物为什么会在这里"等。我尽量用他能明白的方式给他讲解，也许将来他并不记得这博物馆的任何一件藏品，但是我相信好奇心已经擦亮了他的眼睛。

后来，我们又去了许多的博物馆，有可爱的泰迪熊博物馆、带体验设施的日本九州国立博物馆、巴黎的卢浮宫等。每次回来，小锟都会对那些历史故事念叨许久。以后，我们还会一起去看更多的博物馆，打开历史的大门，领略那些传奇的岁月。

小锟是个活泼好动的男孩子，我一直觉得他可能对需要

耐心安静的活动不太感兴趣。有一次我们参加了一个中秋节主题的亲子活动，活动的内容是一家人一起制作冰皮月饼。刚听到这个活动内容的时候，我是有些担心的。不过后来小锟的表现让我改变了自己的看法。

老师先介绍了制作冰皮月饼的几个步骤，准备冰皮月饼制作的面粉、选择月饼中需要放入的馅料及冰皮月饼的颜色等，一系列的步骤下来，我都觉得看似简单的冰皮月饼，做起来真是不容易。但

让我没有想到的是，从第一个步骤开始，小锟就很认真地按照老师所教的去做，没有丝毫的懈怠，也没有了往日的淘气和调皮。原来小锟也可以安静下来，认真地去制作一个冰皮月饼。从最初的面粉、选料到做出冰皮月饼的外形，每一步他都在努力认真地完成。而且，最后我们成功地做了好几个不同颜色、不同口味的冰皮月饼。

最后，老师发给每个孩子一个盒子，小锟很小心地把一块块月饼放到盒子里，说要把月饼带回家给姥姥吃。整个过程下来，我发现小锟都表现得很有耐心，我才意识到自己想当然地认为他不感兴趣是错误的。所以，很多时候是我们给孩子设了限，我们想当然地认为他不能、他不会、他不喜欢，实际上可能正好相反。多给孩子一些机会，让他们多去尝试，也是给我们自己一个认识孩子多面的机会。

周老师心理课堂

　　永远不要觉得孩子小、看不懂、不会玩，而人为给他们设限。我们不提倡拔苗助长，但从小给孩子提供丰富的环境刺激对于孩子的大脑发育是非常有好处的。大脑只有在使用中才会成长，大脑中的神经元在后天经历不断的刺激后才能相通，而这些所谓的刺激很多来自我们的感官。在博物馆，孩子能看到许多日常生活中见不到的东西，这有助于丰富孩子的认知发展，有利于他们左右脑的成长与开发。小锟的经历就是很好的诠释，所以家长们，带着孩子们去领略大好河山吧，亲子旅行的路上孩子就已经在飞速地学习与成长了。

09 旅途中的"小管家"

孩子虽然年龄小,但他们身上有很多我们意想不到的闪光点,需要我们慢慢去发现。有一些好的品质或许在平日里没有表现出来,当我们一起出去旅行,去到陌生环境中,遇到问题的时候就会表现得很明显。

有一次,我们一大家子人去新加坡旅行,当时小锟只有两岁。我们人多,行李也多,到机场安检的时候就比较麻烦。大大小小的包裹全部检查完又拿起来,好不容易才通过了所有的检查。就在我们准备进入候机厅的时候,小锟突然停下来不走了,我以为他在闹

脾气，没有多想就硬拉着他往前走。这个时候小锟哭了起来，因为小锟说话比较晚，那个时候还不能用语言表达清楚自己的意思，沟通后我也没有明白他为什么哭，只能抱起他准备离开。可是当我把他抱起来准备离开的时候，小锟哭得更凶了。

我心里一直在想，这是怎么了，发生了什么。这么多人都看着，小锟似乎没有要停止的意思，而且一直在挣扎着想要下去。看他的样子，我觉得事情没有那么简单，于是便放下小锟，只见小锟一下地就直奔安检口跑去。我们一家人也赶紧跟过去，小锟跑到安检口，指着那个被落在安检传输带上的小包裹。这时同行的老姨赶紧跑过去："哎呀，这是我的包裹，怎么落在这里了。"这下子我们全都明白了，原来小锟知道我们落下了包裹，所以才那么着急，不愿意离开。

这时候，安检工作人员也走过来，他们也发现我们落了东西，不过我们走得太急了，他们发现的时候，我们已经离开了。看到我们再回来，他们也松了一口气，只是没有想到第一个发现包裹落在这里的竟是一个两岁的小孩子。那一刻，大家都在表扬小锟，而小锟看到老姨拿到包裹以后也不哭了。老姨高兴地对小锟说："谁说我们年纪小就什么都不知道的？这么多人，只有这个小家伙发现我的包裹不见了。"

这件事以后，我反思了很久，小孩子的每一次哭泣和不安都是有原因的，我们只是没有想到一个两岁的孩子竟会有这么敏锐的观察力。其实，每个孩子都有自己的性格和特点，有些东西是与生俱来的，我们只是没有发现而已。在充满未知的旅途中，孩子的这些特点被放大，更容易被我们发现。

后来，小锟迷上了行李箱，我们就专门给他准备了一个小小行李箱，他也因此学会了自己收拾行李。出去旅行的时候，他不仅照看自己的行李箱，还会帮忙照看别人的行李箱，再到后来，他还会帮忙清点人数和包裹，成了我们旅途中的"小管家"。

之后有一次去泰国旅行，也是我们一大家子人一起。因为带着老人，人又比较多，就有点忙乱。当时我们参观完一个景点，姥爷去卫生间了，我们忙着照顾其他人，很快就把姥爷去卫生间这个事忘记了。当我们准备去往下一个景点的时候，小锟却不着急走，他先数人数，数完以后对我们说少了一个人。后来看到姥爷从卫生间慢慢悠悠地走出来，我们才意识到，原来少的那个人正是姥爷呀。

小锟是个细心的孩子，感谢旅行让我们发现了这一点。在我们的鼓励下，他这个"小管家"也当得越来越好了。所以我经常说孩子不是旅途中的麻烦，他还会给我们的旅途带来很多的惊喜，这大概就是我们越走越轻松的秘诀吧！

周老师心理课堂

两岁的宝宝非常喜欢观察身边的世界，他们的记忆力常常会让我们惊讶，对于周围的变化他们记得尤其清楚，也有着自己的"执拗"，喜欢保持事物的原状，开始进入秩序敏感期。所以当两岁的小锟发现同行长辈的包包落下了，会用自己的方式不断提示，春春老师当时放下小锟是非常正确的举动，满足了小锟当时秩序与规则的需要，也帮助大家找到了遗失的东西。

看得出这次经历让春春老师明白要更多地观察和满足小锟的需要，就像春春老师说的"孩子的每一次哭泣和不安都是有原因的"。育儿的路上，孩子总有许多行为会让我们手足无措、难以理解，当我们带着好奇去看待时，便会对孩子传达的信息更加敏感。而每一次对孩子"隐藏需要"的满足，都在逐渐帮助孩子培养安全感与界限感。之后小锟的细心与坚持，与春春老师敏锐和好奇地对待小锟的不安密不可分。

10 许你一个七彩童年

童年是人生中最美好的一段时光，孩子们在父母的庇护下无忧无虑、纯真快乐。我想给小锟一个七彩的童年，带他去看这世间的万千风景，让他知道这个世界有多美。

旅行给小锟打开了一扇窗，这个世界的美好都从窗口照进来。作为一个妈妈，心思总是贪婪的，希望他能将这世间的颜色都收进眼底。希望这些美好能够给予他足够勇气，让他在未来的人生路上站得更高，走得更远。

在去往白金汉宫的路上,我们曾偶遇英国皇家卫队的换班仪式。当时,一队头戴熊皮帽、身穿红绒布军服和黑色长裤的士兵,在鼓笛乐队和一名骑兵的引导下,步伐严整地向着我们这边走过来,英姿飒爽,风度翩翩,我和小锟一下子被这样的画面震撼了,停下来目不转睛地看着。那一抹热情如火的红色给小锟留下了深刻印象。

"黄河远上白云间,一片孤城万仞山。羌笛何须怨杨柳,春风不度玉门关。"来到黄土高原,就仿佛打开了一幅历史画卷,那种苍凉悲壮感扑面而来。只有在这里,小锟才能体会到这首诗中埋藏的情绪。这片祖国西部的土黄色应该会给小锟的童年留下别样的记忆吧。

说起金灿灿的黄色,我就想起了美丽的油菜花海。我和小锟选择的是江西婺源的油菜花海,当然还有很多其他可以欣赏油菜花的地方。花田中点缀着金灿灿的油菜花,清风拂过,花朵跟随着微风翩翩起舞。我牵着小锟的手,漫步在蜿蜒曲折的田园小路上,畅吸清新空气,轻嗅油菜花香,贪婪地享受着这片金黄色带来的美好。

小锟5岁生日的时候,我想送他一份别致的生日礼物。思来想去,我觉得没有比漫天极光更幸福的礼物了,于是我们带着小锟来到了冰岛。我们开车长途跋涉,又经过漫漫长夜的等待,终于找到了那片绿色的极光。极光出现的时候,小锟激动地跳起来,他问我:"那是极光吗?"我说:"是的,那就是你的生日礼物。"那片美丽的绿色极光留在了小锟的童年里,也印在了我的心底。

在澳洲，我们一起领略了纯净的蓝色。当乘坐直升机俯瞰大堡礁时，无与伦比的美景震撼了我们，那湛蓝中带着些许淡绿，点缀了整片海域。即使在直升机上，也可以看到色彩斑斓的珊瑚群。绚丽的色彩给我们留下了深刻的印象，这色彩一直伴随着我们的澳洲之行。在悉尼歌剧院，我们坐在歌剧院外的椅子上，身后的海水令人惊叹，毫无杂质的蓝色，好像打翻了蓝色的颜料，均匀地洒在了海面上。我们乘坐轮船从歌剧院的前面经过时，大海的蓝与歌剧院的白形成鲜明的对比，更显绮丽。

北欧白色的雪世界,纯净美好得像是一脚踩在童话里。四周的雪静悄悄的,走在其中,我都有点不忍心破坏那些毫无痕迹的雪面。但是小锟可顾不得那么多,他开心坏了,一下子扑到了白雪中,肆无忌惮地玩起来。这片纯洁的白色,是大自然赠予我们的礼物,将永远留在我们的记忆里。

周老师心理课堂

　　春春老师带着小锟的亲子旅行透出了一个母亲深深的爱,这份爱让人为之动容,心生敬意,相信这份爱在小锟的成长中起到了非常重要的作用。而亲子旅行作为这份爱的诠释,让一切变得独特而充满惊喜。虽然依恋是单向的,但爱是相互的,亲子旅行的路上春春老师与小锟彼此给予、彼此滋养,旅行不再是简单的领略风景,更多的是生命的成长。

第3章 旅行让我们更亲密

带孩子去旅行,成长的不只是孩子,还有我们自己。旅途中快乐有趣的经历、全身心的陪伴,都让我们更了解、更信任彼此。如果你觉得给孩子的陪伴不够或者想让你们的感情更深厚,那就带他去旅行吧!

01 妈妈也在不断摸索

小锟 4 岁的时候,我们参加过一次邮轮旅行,在 46 天的环游南太平洋旅行中,在海上漂流的日子,我和小锟都会各自忙各自的事情。小锟会写字、画画,或者参加儿童俱乐部的活动。不过他参加活动的次数有限,因为他总有自己的小计划。我也没有强求他,随他自己安排。大多时间我都会在房间里码字,毕竟这么多值得回忆的旅程,我想没有比文字记录下来更好的方式了。偶尔也会有朋友相约,去大厅喝杯果汁聊聊天。

每次出门我都会和小锟提前讲好,小锟也总是很爽快地答应。邮轮上的很多朋友都惊讶于我如此放心小锟一个人在房间,毕竟他才只有4岁。但是,对小锟来说,这已经是很正常的事情。因为从小就跟我一起旅行,他比一般孩子独立,他的独立给了我和锟爸很多的方便。

不过，在那次邮轮旅行中还是发生了一件让我觉得很愧疚的事。有一次，我像往常一样出门，走的时候告诉小锟我去和几个朋友聊聊天。那天我们聊得很开心，我在外面的时间比平时长了些，意识到时间差不多的时候我就赶紧回房间去。回到房间后，我发现小锟趴在枕头上，我以为他睡着了。当我轻轻地翻过他的身体，试图让他睡得舒服一点的时候，发现小锟根本没有睡觉，他的眼里含着泪水。小锟哭着对我说："你怎么出去那么久？"我的心里一下子充满了愧疚，抱着小锟一直安慰他。毕竟他只是一个4岁的孩子，虽然小锟很独立，但是很明显，这一次我过度消费了他的独立。

从那以后，我每次出门都会跟小锟约定好时间，5分钟、10分钟还是20分钟。小锟对时间已经有比较清晰的概念，如果他觉得时间太久，不能接受，我就会缩短时间，直到我们双方达成共识。那次以后，我们再也没有因为我的外出而出现问题。

其实，任何事情都是这样，需要把握好一个度。我们既要锻炼孩子的自理能力，也不能超出孩子的接受范围。这个度需要我们慢慢去摸索，根据孩子的情况慢慢调整，过于心急只会适得其反。高估或低估孩子的能力，都会给孩子带来不好的感受，我也是一路反省、一路摸索过来。

周老师心理课堂

为人父母，我们都在孩子成长的过程中不断自我成长，春春老师是非常愿意调整和改变的母亲，这其实非常不易。在邮轮旅行的这次经历中，虽然发生的事情让春春老师很愧疚，但春春老师及时接纳、理解并处理了小锟的情绪，同时后续在行为上做了协商与调整，相信这个举动在小锟的成长中是重要的一笔。

美国著名的心理学家丹尼尔·西格尔说过，"人们是通过分享情感来与他人交往……真诚地分享自己的情绪并设身处地地体会孩子的情绪，能够为我们和孩子建立稳固持久的关系打下基础……这能使孩子在生活中充满活力、善解人意"。回看春春老师和小锟在邮轮的这次经历，小锟开始并没有直接表达自己的情绪，而春春老师看到孩子的情绪后，能够站在他的角度理解他的委屈，母亲与孩子之间产生了共鸣，春春老师的行为抚慰与减少了小锟的负面情绪。之后彼此的约定，带着许多协商与沟通，这些都

能看得出春春老师对小锟的尊重,相信这次经历会让小锟感受到妈妈对他的尊重和理解。

育儿的过程中,我们也许很难事先知道孩子的极限,也并非所有的行为都能做得如此"完美"。但更重要的是,为人父母,我们愿意反省、调整和改变,这个过程是我们自身的成长,也为孩子树立了榜样。如此,亲子关系才会在彼此理解与沟通中越来越亲密。

02　我们一起寻找答案

　　由于对这个世界的好奇，每个孩子都会有"十万个为什么"，出去旅行，处于陌生的环境中，看到不曾接触过的新鲜事物，问题会更多。其实在小锟4个月大，第一次带他旅行的时候，我已经见识到孩子的好奇心了。

　　当时，到了午餐时间，空地上有人开始烧烤，冒出阵阵烟雾，小锟目不转睛地盯着那些烟雾，我怕熏着他，想要赶紧抱他走开，他就表现得很烦躁。当我再次恢复到原来的位置，并且保持原有的姿势让他去看的时候，他又恢复了安静的状态。4个月大的孩子，

不会用语言来表达，他只能用身体的反抗表现出自己真实的意愿。

等到他大一点，能说话了，我每天都被各种"为什么"包围，而且很多问题我真的不知道该怎么回答。去英国参观巨石阵的时候，小锟刚刚3岁，看着那么多大石头矗立在那里，他很认真地问我："妈妈，这些大石头是哪里来的呢，是干什么用的呢？"其实这个问题，不仅仅是小锟，也是全人类想要知道的，它还是个未解之谜。我给小锟讲了人们的那些猜测，还跟他一起讨论了我们自己的想法。旅途中我从来不在小锟的面前充当"智者"，我不会为了应付孩子去胡乱说一个答案，不知道问题答案的时候，我会很诚实地对小锟说，虽然妈妈不知道这个问题的答案，但是我愿意和你一起去寻找答案。

那次 46 天环南太平洋旅行中，我们两次穿过国际日期变更线，经历了"过了今天，还是今天"的惊喜。那种体验真的很酷，也引发了小锟一系列的疑问。

这条线是人们为了避免日期上的混乱人为规定的一条线，而且为避免在一个国家中同时存在着两种日期，它还不是一条直线。这条线上的子夜，即地方时间零点，为日期的分界时间。按照规定，越过这条变更线时日期要发生变化：从东向西越过这条界线时，日期要加一天，从西向东越过这条界线时，日期要减去一天。因此，我们在去程会过两个 11 月 18 日，而在回程，12 月 26 日就凭空"消失"了。

初次体会这样的时间游戏还是很有趣的，总会引发对人生的各种感喟。虽然小锟并不是很理解这个概念，但是他知道这是一个关于时间的游戏，记住了原来时间在特定的条件下是可以重复的，这个世界是很神奇的，没有绝对的事情，未来有很多的未知，等待着我们去探索、去发现。而我希望在旅行的路上，小锟能够始终保有对新鲜事物的好奇心，愿意去不断地探索未知。

周老师心理课堂

我们没必要在孩子面前刻意地追求完美,其实也没有谁能如此全能而完美地存在于这个世界。很多家长会煞费苦心地在孩子面前塑造一个全能而永远正确的形象,似乎不这么做就失去了做父母的威严。事实上我们并不需要这么做,不知与犯错都不可怕,重要的是我们如何去应对和看待。春春老师给了我们很好的示范,当她愿意和小锟一起去寻找、探索的时候,反而调动起小锟的好奇心与自主性,同时也给了小锟很好的榜样——学习是永无止境的。

03 妈妈,请相信我

在挪威的一次旅行中,我们从市政厅出来,准备去诺贝尔博物馆,我用手机导航,准备跟着导航走过去。小锟对看地图导航这件事一直比较感兴趣,但他毕竟只是一个6岁的孩子,而且又是在国外,如果走错路就会比较麻烦,所以我是不敢让他来负责这件事的。

后来我沿着导航路线走的时候,小锟一直说我走错了。而我想当然地认为他看不懂,没有相信他,一味地按照我的路线去走。走了一段之后,发现导航显示我们正在离目的地越来越远。这个时候,小锟再次跟我说:"妈妈,你错了,路线已经偏离了。"说完,他从我手中拿过手机,指着导航的路线和图标说:"妈妈,你看,正确的路线应该在那边。"说完以后,他就拉着我的手,让我跟着他一起走。一路上我半信半疑,但因为我的路线的确出现了问题,只能选择相信小锟,乖乖地跟着他走。没过多久,我发现,博物馆竟然真的出现在了眼前。那一刻,我觉得难以置信。

我兴奋地对小锟说:"哇!你竟然找到了,这就是我们要去的博物馆。"小锟听到我的话后,并没有觉得高兴,而是有些委屈。"妈妈,我已经说过很多次了,你的路线是错误的,你就是不听。如果你听我的,我们就可以早一点到了。"听着小锟说的话,看着他眼泪在眼睛里打转,我赶紧抱住他,在他耳边说:"对不起儿子,你是正确的,妈妈错了。妈妈应该第一时间相信你。"小锟的眼泪还是流了下来,我知道他原谅我了,但是我的内心却不能平静。

我犯了一个主观上的严重错误,我想当然地认为一个6岁的孩子不可能看得懂导航,所以没有给他机会,一路上都在按照自己的想法去做。虽然在很多时候,我都是很相信小锟的,但是在我过于谨慎的时候往往就退缩了。从那以后,但凡需要导航找目的地的时候,我都会和小锟一起分析。有时候他是对的,有时候我是对的,当发现距离目的地越来越远的时候,我们会看着彼此无奈地笑笑。不管怎么样,这个时候我们的心是在一个方向上的。

周老师心理课堂

和孩子道歉有多难?作为一个成年人,我们理所当然地认为自己高大、有力量,认为我们在孩子面前必定永远是对的,所以当我们与孩子有分歧的时候,很难相信孩子。许多家长即使犯了错,也会小心翼翼地掩饰,生怕在孩子面前承认就有损自己的"尊严"。其实并非如此,著名的教育家蒙台梭利的教育理念中,有一条基本原则——"友好地对待错误"。重要的不是我们在孩子面前不犯错,而是我们展现给孩子对待错误的态度和改正的方法。

在挪威的旅行经历中,虽然开始春春老师没有相信小锟的话,但最终她对小锟的道歉以及后续的调整都向小锟传达了一个信息:妈妈也会犯错,但妈妈会调整改正。对于小锟来说这是宝贵的一课,没有说教、没有道理,有的是妈妈的真诚与改变,多么好的示范!相信在小锟成长的路上,带着妈妈的榜样,也能接纳和应对自己的错误,而这便是孩子自信建立很重要的一步。

04 不要替孩子表达意愿

孩子从出生的那一刻起,就是一个独立的个体,但我们做家长的往往在很长一段时间里只把他当作自己的附属品,没有给予足够的尊重。大家可能觉得我说得有点严重了,其实这些场景都很常见,当别的孩子想要玩他的玩具时,你有没有抢先说"可以啊,玩吧"?当别的孩子需要跟他道歉时,你有没有抢着说"没事,没事"?

有一次,在云南的一个博物馆里,当时有个4岁左右的小朋友,比较调皮,不愿意跟着我们的队伍玩,当队伍里的小朋友都在认真听讲解的时候,他突然去玩一个展品橱窗下的电线插头。因为小锟离他很近,所以第一个发现了他的危险举动,连忙上前阻止。但是这个小朋友并不愿意接受小锟的阻止,很不开心,还推了小锟一把。小锟本想还回去,碍于这个小朋友年龄比自己小,没有动手。随后这个小朋友还是继续去玩那个插头,小锟一下子就急了,再次上前阻止。就在小锟上前阻止的一瞬间,这个小朋友再一次推了小锟,可能因为动作比较突然,小锟被推倒在地上。或许是因为生气,也可能是因为摔得太疼,小锟一下就哭了,而且马上爬起来想要反击。

这个时候我们双方家长已经发现了异常,连忙上前拉开了两个孩子。看小锟哭了,我就询问小锟是怎么回事,小锟才把刚刚的经过告诉我。这个时候,我觉得小锟是哥哥,也没有受伤,也没多大事就算了,那个小朋友的家长也主动让孩子跟小锟道歉,毕竟小锟的本意是好的,而且是他推倒了小锟。但那个小朋友也在生气别扭着,不肯道歉,我就对那个家长说:"算了,没关系的,小孩子之间打打闹闹很正常。"

那次的亲子旅行团中正好有位育儿专家跟着,当他发现两个孩子闹了别扭的时候,就第一时间赶过来调解。首先他跟我说,我是没有权利代表孩子决定任何事情的,比如说刚刚的问题,明明是另

外一个小朋友做错了，而小锟没有做错什么，或许小锟阻止的方式有些不当，但这不代表小锟不能得到对方的道歉。而我的问题在于，我很轻易地就否定了一个正确的做法，那个小朋友非常有必要对小锟说对不起，我却代表小锟拒绝了。而且在这个过程中，我发现小锟一直很委屈，虽然我一直说没关系，一直在安慰他，但是小锟的情绪似乎没有什么好转。接下来，育儿专家又找到那个小朋友，告诉他错在哪里，引导他去跟小锟道歉。

孩子当然是可以释放自己的情绪的，也有表达自己意愿的权利。我问小锟他是不是需要这个小朋友的道歉，他告诉我他需要这个道歉。如果不道歉，小锟是不能接受的。于是，我们就耐心等待这个小朋友慢慢地平复自己的情绪，最终他跟小锟说了一声"对不起"，而小锟也破涕为笑，回应了一句"没关系"。

那个时候我才意识到自己以往的做法都是错误的，在孩子之间发生矛盾的时候，尤其是在旅途中的陌生小朋友之间，为了赶快解决问题，我们都是尽快地插手处理，无形中剥夺了孩子的权利。想想我们自己，举个简单的例子，当我们乘坐地铁的时候，尤其是早晚高峰，人非常多，彼此之间碰一下是在所难免的，每当发生这种情况的时候，我们都会彼此说一声抱歉，互相笑一笑也就过去了。但试想一下，如果有人撞了你一下，虽然不是故意的，但是对方没有任何表态的话，我们的心里一定是有些生气的，甚至会引发更大的矛盾。一句"对不起"看似没什么，却代表着一种态度，也很容易获得心理上的原谅和接受。

　　孩子也是一样，他们也有自己的小情绪，也需要别人的尊重和认可，他们当然有权决定原谅或是不原谅。那件事以后，我再也没有想当然地去替小锟表达意愿，后来的旅行中，我和小锟之间都是朋友式的相处方式，与他有关的活动我都会征求他的意见，给予他充分的尊重。

周老师心理课堂

为人父母，我们有养育孩子的责任、有管教他们的权利，所以常常会习惯什么都替他们决定了，尤其是在孩子小一些的时候，我们会有种错觉——"我们可以代替他们发声"。发展心理学中指出，在与同伴的交往过程中，孩子在练习着有关的社会技能。社会交往中孩子有他们自己的语言，有他们自己的坚持与磨合，愉快、不愉快的经历都让他们逐渐学会与他人以平等的方式相处、合作、协商。所以在社交中，我们在保证孩子安全的前提下应尽量少干预他们之间的互动，这时的放手便是最好的选择。

人生的路上，每个人终究要自己负责、自己前行，我们无法一辈子替孩子发声。于孩子来说，我们更像一个陪伴者和引导者，只有我们给孩子独立的机会，孩子才可能真正的独立！

05　孩子，我需要你的配合

旅行途中会遇到各种突发情况，这个时候如果孩子不配合是很麻烦的。所以，在遇到状况的时候，我会先把情况简单跟孩子说清楚，告诉他发生了什么，我需要他怎么做。爸爸妈妈们不要觉得孩子还小，跟他说也没有用，你的沟通和信任很重要，孩子远比你想象的更懂事。

我们带着小锟去宁夏游玩的时候，回程的车票出现了问题，我们需要在中途转乘另外一辆高铁。这个中转的时间只有十分钟，就是说在十分钟之内，我们需要带着行李，抱着孩子，在不知道换乘路程的情况下，成功登上另一列火车。这对我们来说确实是一个很有挑战性的任务,如果小锟不配合的话很难完成。在下第一辆车前,我对小锟说:"我们一会儿要去赶下一趟火车回家,你需要乖乖地抱着妈妈,这个过程中你可能会有些不舒服,但只要坚持十分钟就可以。"小锟似懂非懂地看着我,点了点头。在火车缓缓停住的那一瞬间,我抱起小锟,小锟双手抱着我的脖子,小脑袋紧紧地趴在我的肩上,一动不动。我就这样抱着他快速地赶往另一个站台,等我们顺利赶上另一趟火车后,我放下小锟,他一下子来了精神,又恢复了往常的调皮。

这件事发生在小锟两岁多的时候，或许有朋友会说，孩子那么小，我们只要抱着他走就可以了。其实不是，这种情况下，我们三个人就是一个小团队，这个小团队中的任何一个人出现状况，我们都无法成功换乘。其实在这之前我们也遇到过一次类似的突发情况，当时是走错了车站，我们需要在列车开车前赶去正确的车站。当时我没有跟孩子提前沟通，急急忙忙赶路中还摔到了孩子，所幸孩子没有大碍，但还是自己内疚了很长一段时间。

其实，孩子年纪再小也是需要沟通的，他是一个独立的个体，他需要知道周围发生了什么状况，这样他才能配合我们一起行动。尊重和信任能够给予孩子力量，他会表现得很好。孩子配合后，我们及时给予鼓励和表扬，就能不断引导和培养他的团队意识。

周老师心理课堂

关于儿童早期亲社会行为的研究指出，18个月大的宝宝就能够感受到他人正在感受的东西，也就是我们常说的同理心，这个时候我们和孩子的沟通尤为重要。试想一下，如果春春老师宁夏回程中没有和小锟沟通，对于小锟来说，他感受到的是妈妈的焦虑和紧张，但并不知道发生了什么，这很容易引起他的不安，这个过程中就容易出状况。但是春春老师告诉了小锟具体情况，并告诉小锟要配合妈妈，于孩子来说，这便是最大的安全，他知道发生了什么，也知道该怎么做。这些清晰明确的沟通与指令，让一个两岁的孩子内心是安定的，所有的配合也就水到渠成。

与孩子沟通能够反映出一个母亲对孩子的爱与尊重，正是这种尊重一路影响着小锟，让他在彼此理解与自我独立的路上不断成长。

06 旅行改变了我们的生活

在开始旅行之前,我和锟爸也常因生活中的琐事争吵。尤其是两个人压力比较大的时候,一点小事就能吵个不停。随着我们旅行的脚步越来越远,旅途中的经历让我们的心境发生了改变,也改变了我们的生活。

小锟两岁多的时候,我们去了一趟马尔代夫,为了减少整个行程的费用,我们去了一个叫马富士的居民岛。当我们到达马富士的一处海滩时,心情到达了冰点,这跟想象中马尔代夫的美景相差太远了啊!我很是懊恼,觉得行程设计出现了失误,一直在沙滩上抱怨，锟爸也很失落。但是，两岁多的小锟完全没有受影响，他在沙滩上开心地挖沙子，还不时让我去欣赏他的"杰作"。看着小锟开心的样子，我的怨气慢慢消散了，静下心来重新规划行程。第二天，我们去了野餐岛，这个岛虽然面积很小，但真的好美好美，当海岸线露出的时候，甚至可以直接走到另外一个小岛。在回来的路上，我们还幸运地看到了海豚，我们也终于在如此美景下感受到了马尔代夫的魅力。心情好了就会变得更加积极，后来我们还去了另外一个五星岛屿，在那里再次体验到了马尔代夫的美。如果我们没有冷静下来去重新规划行程，只是在马富士埋头生气，那么我们永远都不会看到其他岛屿的美景。

在小锟出生之前，我和锟爸两个人去旅行的时候，也遇到过这样的情况。我们也曾在旅途中发生矛盾，导致整个旅途都不开心，甚至提前结束了旅程。而带着小锟的旅行，开始变得不一样，很多时候孩子是我们的老师，他们的简单纯真反而能够让自己更快乐。心态好才能看到美景，这也是小锟教给我的。

因为带着小锟，我们选择的目的地基本上都是安全有保障、基础设施较完备的地区，偶尔会经过一些不太稳定的区域，我们一般

都会避开。在我和小锟的一次邮轮旅行中,邮轮本来计划停靠巴布亚新几内亚的首都莫尔斯比港,但经过多方考察,组织方认为首都不够安全,于是改为停靠阿洛陶。后来,我从当地向导那里了解到,他们的首都确实治安状况堪忧,由于生活物资匮乏,抢劫的情况很常见,人们为了活下去,已经顾不得善良。生活在战乱国家的人们

更不用说,每天连自己的生命安全都不能保证,其他的一切都成了不值一提的小事。生活中遇到不如意的时候,我就会想到那些生活在危险边缘的人们,跟他们一比,我还有什么好抱怨的呢?我们在这样一个安全而又温暖的国度,尽管也有很多的不如意,但是通过我们的不断努力,这些都是可以解决的不是吗?

慢慢地，我的心态越来越平和，我和锟爸之间也越来越和谐。那些生活中的小事，越来越觉得没有吵闹的必要，我们的小家里拌嘴越来越少，欢笑越来越多，这也算是亲子旅行带来的意外收获吧。现在，只要时间允许，锟爸都会参与到我们的旅行中，那些他没有参与的旅行，我和小锟会把旅途中的趣事当成故事讲给锟爸听。

记得我带着小锟走过10个国家的时候，自己内心的感觉是很自豪的，觉得小朋友才3岁就已经走过那么多国家。但当我带着小锟走过20个国家、30个国家、40个国家的时候，我的心态发生了明显的变化。我再也不像从前那般觉得骄傲和自豪，世界这个天然的大课堂，让我真切地感受到自己的渺小、人生的短暂。如果没有走出去，只看抬头的那片天，应该也能拥有简单的快乐，但是走出去之后，就感觉生命有了一种厚重感。或许我们是贪心的，总觉得多看看、多了解才不枉来这世间走一遭。世界那么大，不如我们去看看？

周老师心理课堂

家人之间，在琐事与压力下容易有冲突和摩擦是很正常的，当生活趋于平淡，爱也在柴米油盐中逐渐被隐藏。旅行像是一味保鲜剂，开阔了我们的视野，增加了我们的接纳度，你走的有多远，视野就有多广。

家庭是一个系统，当一个人改变了，所有的关系都会有所变化，这想必就是春春老师最真实的感受吧。旅行中的新奇、收获能够让我们保持一颗好奇探索的心，锟爸即使没有全程参与，也能分享到旅途中的有趣与欢乐，家人之间的爱在这个过程中得到滋养，这样的家庭怎能不其乐融融呢？走在脚下的路，看在眼里的风景，在不断反思与成长中，开阔了视野、丰富了生命。

第4章 亲子旅行实用攻略

　　亲子旅行与一般的旅行不同,因为带着孩子,旅行前一定要做好充足的准备,旅行的节奏也要放慢,还要根据孩子的年龄和身体状况安排合适的行程。

01 旅行方式的选择

经常有朋友问我，跟团游、自由行、自驾游这三种形式，带娃的话选哪种好呢？其实，这三种出游方式我们都选择过，它们都有自己的优缺点，我们得根据旅行的目的地、孩子的年龄及旅行的时间长短等情况综合考虑。

带孩子出行，尤其是婴幼儿，需要带很多东西，因此交通方便很重要。自驾游的优势也在于此，孩子的东西方便携带，所以如果是短途旅行，自驾游是最好的选择。

自由行是亲子旅行最常选用的方式，自己来安排行程就会充分考虑到孩子的状态，也方便随时调整。不过，自由行最大的问题仍然是交通，毕竟带孩子出行，有时候公共交通工具不是最好的选择，我们就可以选择包车或者租车。在澳大利亚、新西兰等地，有些行程租车自驾是比较好的选择，当然可以选择分阶段租车，不一定全程租车。分阶段租车的好处在于节省费用，同时也可以节省一些路上的时间。举个例子来说，去澳洲旅行12天，如果全程自驾，那么时间远远不够，当时我们安排的目的地包括悉尼、凯恩斯、黄金海岸等，去这几个地方就选择坐飞机。这样是为了最大限度地节省路上的时间，租车是安排在布里斯班返回黄金海岸的行程中。

自由行最重要的是行程安排，时间有限的情况下，合理选择各种交通工具出行，可以最大限度地减少路上的时间。当然，如果时间充裕，就不必考虑节省时间的问题了，可以选择最舒服的出行方式了。毕竟沿途风光也是很值得期待的，飞机虽然快，但也错过了一些路上的风景。

总的来说，选择自由行需要注意以下几个问题：一是，爸爸妈妈中要有人擅长行程安排，出发前有足够的时间研究当地路线，并提前安排好交通、住宿等；二是，出境游最好懂点英文，能够用英语进行简单的交流，同时准备一些翻译软件，如果口语实在有问题，可以借助翻译软件；三是，初次自由行，应选择旅游环境比较成熟的目的地。所谓旅游环境成熟，指的是衣食住行都比较方便，而且是国人常去的地方。

跟团游的话，专门的亲子游团队是首选，只是需要好好甄别市场上的亲子游产品。首先，要关注它的行程安排是否合理，景点安排是否得当。简单说，行程太赶的就不建议选择。其次，看购物的安排，亲子团也会出现购物的行程，这一点毋庸置疑，如果是纯玩的行程，一般情况下都会提前说明。目前也有很多不安排购物的亲子团，或者根据目的地情况来安排，比如去日本，一般都会有购物的行程安排，但购物行程会安排在所有行程结束之后，这样的也比较合理。再次，餐饮和住宿也是我们关注的重点，毕竟带着孩子出行，住宿条件和食物还是要相对好一些。最后，要看一下价格是否合适，根据住宿、餐饮、交通及行程中的亲子活动，大体可以算出一个合理的价格范围。

如果没有合适的亲子团，不能自由行的家庭还有一个选择，就是老年团。老年团的节奏比较慢，我和小锟亲身体验过，无购物行程的老年团还是很适合亲子游的。老年团中的成员基本上都是孩子的爷爷奶奶辈，他们大都很喜欢孩子，而且非常愿意关心和帮助孩子，跟他们一起游玩，一般相处比较融洽。

　　"万事开头难"，但只要你勇敢地迈出了亲子旅行的第一步，后面就会越来越顺畅。有了经验之后，你就很容易找到适合自己这个小家庭的旅行方式。而且，在旅途中，你会越来越了解自己的孩子，带孩子出行也越来越轻松。

02 旅行前的准备

因为带着孩子,亲子旅行前的准备要充分,尤其是婴幼儿阶段的孩子。一方面要准备好所需物品,另一方面还要查询一些相关信息,以防旅行途中出现一些小插曲。

除了给孩子带足日常生活所需的用品,还要准备一些路上给孩子打发时间的图书、玩具等。建议给孩子准备一个单独的行李箱,专门放置孩子的物品,这样孩子需要什么东西的时候,家长可以很快找到。而且大一点的孩子,可以锻炼他来自己收拾行李。

药品是必须要带的,原因很简单,以防万一。退烧药、止泻药、

抗过敏药、体温计、创可贴、碘伏、缓解蚊虫叮咬的药等，这些儿童常用的药及外出可能会用到的药品都带齐。万一旅行途中需要，就不用再着急忙慌地去买。除了带药，还要提前了解一下目的地的医疗机构。在国内的话，先搜索一下离目的地最近的儿童医院，大体了解一下医院的情况。去国外旅行的话，如果在网页上找不到太多医院的信息，可以找当地的华人论坛，它的医疗服务板块会提供很多的建议，同时也会有这些医院的评价。如果时间充裕还可以就你所关心的问题提问，等待其他人回答。最好关注一些大医院，像曼谷医院就配备翻译服务，这种大医院科室比较齐全，也不太用担心语言沟通问题。

首次去国外旅行，建议选择签证比较容易办理或者免签的地方，按照签证要求从易到难的顺序去旅行比较好。欧洲的签证要求相对比较高，如果在去欧洲之前，护照上可以有一些国家，尤其是发达国家的出入境记录，对于欧洲签证的办理是有帮助的。

除了这些，我们还应该做好心理准备，毕竟孩子的情绪、身体状况都不像成人那么稳定，旅途中有一点小状况也是正常的。切记，要带着一份平和的心态，不要因为孩子某个事情没做好就发脾气，多一点耐心，这样才能有一个愉快的旅行经历。

03　亲子游的行程设计

— 从最熟悉的地方开启 —

经常有朋友问我,没带孩子出去游玩过,不知道去哪里,远的地方不敢去,近的地方又觉得没意思。其实不用考虑那么多,亲子旅行的开启没有什么特别限制,只是如果觉得没有把握,不妨从最熟悉的地方开始,这样不仅能很快适应环境,而且对目的地了解的优势,也可以帮助我们解决可能遇到的突发情况。

带小锟第一次去旅行的时候,他才 4 个月大,我们是选择自驾的方式前往 100 公里左右的目的地。当初碍于小锟的年纪,我也曾犹豫，后来决定迈出亲子旅行的第一步，很大原因是家人的支持及我对目的地的熟悉。我曾在那个地方上大学，对医院等公共设施的位置还是比较了解的。而且，也有一些朋友和同学在那边，真的需要帮忙的时候还可以求助他们。

这些因素加起来，让我们的第一次出行感觉很放心。之后的旅行也越来越顺畅，正如我们常说的"万事开头难"，只要开始去做了，就会发现很多事情远没有想象的那么困难。因此对于第一次亲子旅行，我的建议是，目的地一定要适合孩子，而且最好是比较熟悉的地方。

当然这个熟悉并不是"我曾经去过"这么简单，还要了解当地的环境、气候、基础设施建设情况等。每次出行前，我都会研究当地的天气，然后以此来决定应该带哪些衣物。

或许很多朋友会说，大多数出行都是去没有去过的地方，的确如此，只不过我们所说的是带孩子第一次出行，同时自己也没有太多出行经历的情况，对于新手父母来说，这样的选择是比较合适的。

— 量力而行，舒适即可 —

之前看到过很多关于"穷养""富养"的讨论，有的父母觉得女孩就一定要富养，出去玩一定要住星级酒店、去高档餐厅等。在我看来，大可不必。不管是穷游还是奢游，重点是让孩子明白，这个世界很大，生活方式有很多种，他能够做的事情很多。在自己的能力范围内，让孩子住得舒适、吃得卫生即可。

在我们的旅行中，有过奢游也有过穷游，在我看来，这只是两种不同的旅行方式，没有最好，只有是否适合自己。我只想让孩子知道，世界上的事情，完成的过程有很多种，结果也会有很多种。喜欢哪种游玩的形式都可以，但是要靠自己的努力去实现。

当我们入住比较好的酒店时，我会问他是否喜欢这里的环境、这里的玩具，但是这些玩具的提供，其实是包含在我们所支付的费用中的。我觉得可以借此机会让孩子了解一下金钱和价值的概念，让他知道他享受的一切都不是凭空来的。

或许有人会说，童年应该是无忧无虑的，不应该过早让孩子知

道太多。当然,我们都希望孩子快乐长大,但我并不觉得让他了解这些就会不快乐,这些也是日常生活的一部分,孩子们也有权参与和学习。人都是生活在社会之中的,我们也总不能把孩子一直放在保护罩里,与社会隔绝。而且,谈钱也不是什么不好的事情,财商也是要培养的嘛。

设计行程时的注意事项

在我们的亲子旅行中,大部分是我们自己设计行程的自由行。在设计行程的时候,我首先考虑的就是节奏一定要慢,每日的行程都要在小辊的体力允许范围内。其次,选择干净整洁、交通便利的酒店,最好离景点不是太远。

再次,我们选择的景点基本上都是当地最具代表性的。很多朋友喜欢另辟蹊径,因为这样的地方游客少,风景也比较原始,商业气息没有那么浓。但是对孩子来说,这样的路线有时候不是很合适,毕竟这些地方的基础设施也不是很完备,不能满足孩子的很多需求。

我们出去游玩,主要就是欣赏当地的风景,体察当地的民风民情,看看世界不同地区的人们是怎样生活的。品尝当地美食也是一个重要的环节,所以最后要提醒爸爸妈妈,有些辛辣、油腻的小吃并不适合孩子,还是要考虑到孩子的肠胃接受能力,要有所顾忌。

爸爸妈妈用心制订的亲子行程,一定是最适合你们的。在我看来,这就是属于我们的奢游,在保证孩子安全健康的前提下,让孩子在轻松愉快的氛围中认识世界,这就足够了。

04 如何购买旅行保险？

保险在日常生活中已经是必备品了，旅行的话就更需要，毕竟出门在外，以防万一是最稳妥的。从2001年9月1日起，国家旅游局不再强制旅行社为游客购买旅行意外保险，为了获得更为完善的保障，建议大家可自行联系保险公司或通过旅行社与保险公司取得联系，按各自需要投保旅行保险。

旅行保险的种类，一般分为国内旅行保险、境外旅行保险、工作/留学保险，有些保险公司还将申根保险单独作为保险种类之一。除了这种分类以外，还有将具体险种进行分类的情况，比如人身意外险以及救援险等。

旅行保险种类看似很简单，但是在购买时还是需要认真研究和选择的。根据我们的出行方式以及目的地国家，同时还要根据随行人员等各方面的情况，综合评定到底购买哪一款旅行保险才是最合适的。不论购买哪种保险，都要认真阅读保险合同的细则，同时在购买时还要分清主次，根据我们的主要目的选择和购买。

这里先说一下旅行社责任险，指的是旅行社在组织游客出行前，先行购买的旅行保险，这种保险是国家规定必须购买的保险险种。

主要目的在于如果旅行社在组织游客游玩过程中，实际行程与之前的计划行程出入较大，或者由于旅行社的过失造成游客的人身意外伤害等情况时，承担起主要的赔偿责任。但是这种保险的最终赔偿方仍是保险公司，并不是旅行社本身。

旅行社责任险的承保范围一般是指旅行社本身的过失造成游客发生意外的情况。换句换说，并不是所有的游客意外伤害都在旅行社责任险的承保范围内，因此旅行险的购买与旅行社责任险同时购买并不冲突。很多朋友存在一种错误的认识，即旅行社责任险已经包括了所有在旅行过程中出现的意外情况的保障。殊不知，这类保险只是保障行程范围内的项目，在旅行过程中，自行活动部分发生的意外情况，不在旅行社责任险的承保范围内。

另外，大家还要关注一下境外旅行保险的保险期限。人们在投保境外旅行保险的时候，一般都会事先预估自己在国外可能停留的时间，然后购买相应期限的境外旅行保险。但是计划永远赶不上变化快，一旦在旅行期间发生了某些事情而影响了整个行程，那么就可能需要在国外停留更长的时间。这时候，大家就有可能需要面对境外旅行保险过期的问题。这时，大家是否能够获得持续性保障的

决定因素便是境外旅行保险是不是能够改保期。因此,在购买境外旅行保险的时候,一定要购买可以改期的。

购买旅行医疗保险的时候,我们会看到不同险种的保费不同。那么,保费是越高越好吗?事实并非如此。保费不同是由于各险种承保的具体项目存在很大的差异。比如,近年来高风险的游玩项目不时发生安全事故,因此很多旅行社推出了高风险项目的承保。一些喜欢刺激项目的游客会购买这种含高风险项目的险种,这类险种在承保基本项目的基础上,多了承保他们所参与的高风险项目,例如攀岩、跳伞等。当然,此类险种的保费也会随之增高,我们的亲子旅行一般不会参与这些高风险项目,那么就没有必要购买含有这类承保内容的险种。

换句话说，保费并不是越高越好，根据自身出行安排和行程，购买适合自己的保险险种即可。

购买境外旅行医疗保险时还需额外关注以下几点：提供准确的个人信息，以便出险时可以尽快核对身份。购买旅行医疗保险产品时，需要关注产品本身是否可以直接在境外赔付，是否可以赔付门诊费用。不论前往欧美日等发达国家，还是发展中国家，购买旅行医疗产品的保额均不能太低，否则可能在施救过程中，因为费用不足而无法得到及时救助。

 **如何预订婴幼儿机票?**

婴幼儿机票的说法其实并不准确,因为婴儿和幼儿,两者在实际机票预订时有严格区别。区别标准就是以飞行日期为准,如果在2岁以内算婴儿,2岁以上(含2岁)则算儿童,所以我们这里说的是婴儿机票和儿童机票的预订。

无论机票预订流程如何,我们都希望花最少的钱。机票的原价和折扣价还是差别蛮大的,所以如果能够提前安排好行程,我们当然是希望买到折扣价格的机票。婴儿阶段的机票价格已经具备特价性质,所以价格一般不是关注的重点,重点是早点预订,因为每个航班的婴儿票有数量限制。

儿童机票的价格是正常票价的 50%，所以问题来了，如果成人机票的票价低于 5 折时，可能总价比儿童票还便宜，那么我们就可以按成人出票。当成人机票与儿童票价格相当或略低的时候，建议还是按儿童票预订，因为走了儿童票流程，其变更和退改政策是与全价票相当的，反之，如果为了省非常少的钱放弃了机票的退改政策，一旦遇到意外情况需要变更和取消行程，那损失就比较大了。所以我们建议预订机票时，只有当成人机票达到 4 折、3 折或以下时，才考虑给儿童订成人票。

预订机票的时候，最好选择飞机里腿部空间比较大的位置。带着孩子坐飞机，一般需要经常离开座位，比如去卫生间，或者去准备宝宝吃喝的东西，坐不住的宝宝可能还需要遛弯。记得在从北京飞马尔代夫的 9 个小时里，由于我家宝宝精力太旺盛，而且飞机是早上起飞的，宝宝不停地在飞机过道里走来走去，没有办法我们只好跟着。这进进出出的要是影响到别人就比较麻烦了。

06 参观博物馆的注意事项

— 做好准备工作 —

参观博物馆是让孩子了解历史、人文、地理等方面知识的好方式，很多爸爸妈妈也比较热衷带孩子去各地的博物馆。带孩子去博物馆之前需要做一些准备，要提前了解一下开闭馆的时间、优惠政策及门票的购买方法，提前安排好行程。另外，博物馆内的温度偏低，尤其是夏天，室内外温差比较大，去之前要给孩子准备一件外套。

— 文明参观，注意安全和秩序 —

在去博物馆参观之前，爸爸妈妈一定要跟孩子沟通好。告诉孩子到了博物馆一定不要大声喧哗，有问题也要小声问爸爸妈妈。当然，年龄小的孩子说一遍可能不管用，参观的时候爸爸妈妈要时刻提醒孩子小声，从小养成文明参观的好习惯。

博物馆中的展品，有一部分外面会有玻璃隔离，爸爸妈妈一定要看好孩子，尤其是平时比较调皮的孩子。如果一旦打碎玻璃不仅损坏文物，还会伤着孩子。对于年龄较小的孩子，爸爸妈妈可以拉着孩子的手，一边参观一边小声地给孩子讲解，让孩子体会到参观的乐趣和爸爸妈妈的用心陪伴。

很多博物馆都是不允许拍照的，在博物馆门口一般都会有提示，爸爸妈妈要注意遵守博物馆的规定。一方面，相机的闪光灯可能会对文物产生伤害；另一方面，我们带孩子去参观博物馆的目的是现场感受那些穿越时空的展品的魅力，而不是拍照炫耀我们看过什么，所以从这一点来讲，我们也不需要去拍照。